SCHNELL, SCHNELLER
HENSSLER!

Steffen Henssler

SCHNELL, SCHNELLER HENSSLER!

Fotografie Marc Eckardt

Inhalt

Ahoi! 6
So geht es richtig schnell 7
Erst lesen, dann kochen! 8

10-Minuten-Rezepte 10

15-Minuten-Rezepte 58

20-Minuten-Rezepte 114

25-Minuten-Rezepte 154

Anhang 184
Grundrezepte und Produktinfos 185
Menüvorschläge 190

Register 191

Ahoi!

Zwei Gründe haben mich dazu gebracht, meinem ersten gleich ein zweites Kochbuch nachzuschieben. Der erste war die große Nachfrage nach den Rezepten für meine »schnellen Nummern«. Den zweiten und entscheidenden Grund lieferten mir aber die Antworten der Menschen auf meine Frage: »Heute schon gekocht?« Ich bekam ständig zu hören: »Nee, ist mir zu aufwendig.« – »Ich kann nicht kochen.« – »Ist mir zu teuer.« Und am häufigsten: »Keine Zeit!«

Mit diesem Buch will ich zeigen, dass richtiges Kochen weder aufwendig noch schwierig ist. Und schnell geht es auch, wenn man weiß, wie. Bei den Rezepten war das oberste Gebot: Jeder muss das Gericht hinbekommen – selbst derjenige, der die Küche bisher nur vom Hörensagen kannte. Außerdem muss alles schnell gehen.

Ich weiß aus eigener Erfahrung, wie vollgepackt der Tag sein kann. Kinder, Partner, Job, Freunde – alles will unter einen Hut gebracht werden. Und essen müssen wir dann auch noch. Natürlich kenne ich die Momente, wenn man schlapp nach Hause kommt und eigentlich keine große Lust mehr hat, sich in die Küche zu stellen. Aber glaubt mir, es lohnt sich! Einfach den Tag hinter sich lassen und ab in die Küche. Schon 10–15 Minuten später steht ein leckeres Gericht auf dem Tisch. Das schmeckt besser und ist viel gesünder als jede Tiefkühlpizza.

Die Rezepte sind deswegen auch nicht klassisch in Kapitel eingeteilt, sondern nur nach der Kochzeit. Mit ein bisschen Übung und Enthusiasmus wird selbst der absolute Küchenneuling das Gericht in der vorgegebenen Zeit hinbekommen. Die Gartechniken sind auch möglichst einfach gehalten. Meine absoluten Lieblinge sind Pfannengerichte: Alle Zutaten nacheinander in eine Pfanne befördern, ein bisschen braten, lecker abschmecken und genießen.

Das entspricht auch genau meiner Küchenphilosophie. Ich bin keiner, der stundenlang dem Braten im Ofen zuschaut und dabei Kreuzworträtsel löst. Ich mag es lieber schnell und trotzdem lecker.

Jeden Tag schreiben mir viele Menschen und erzählen mir, dass sie durch die »schnellen Nummern« bei den Topfgeldjägern dazu gebracht wurden, mit dem Kochen anzufangen. Dieses Buch ist ein weiterer Schritt in diese Richtung. Also folgt mir in das gelobte Land – die Küche!

Viel Spaß und nur das Beste
Euer Steffen

So geht es richtig schnell

Bei den Rezepten in diesem Buch wird nicht zwischen Vorspeise, Zwischengang und Hauptgang unterschieden, sondern nur nach der Kochzeit, die 10, 15, 20 oder 25 Minuten beträgt. Weil man aber doch ab und zu ein paar Leute einlädt und ein Menü kochen will, stehen ein paar schnelle Desserts immer am Ende der Kapitel.

Um die bei den Rezepten angegebenen Zeiten einhalten zu können, müsst ihr vorher ein paar Dinge bedenken und euch richtig vorbereiten. Als Erstes müsst ihr die Küche auf den Kopf stellen – und aufräumen! Ich kenne das ganz gut aus meinem eigenen Zuhause. Da stapeln sich Briefe, Zeitschriften, Geburtstagskarten in allen Ecken. Besonders beliebt sind Obstschüsseln, die zur Aufbewahrung alter Batterien, Schlüssel, Konzertkarten, Stifte, Büroklammern und CD-Hüllen dienen. Weg mit dem ganzen Krempel. Denn um in der Küche Gas zu geben, braucht man Platz! Ihr müsst euch bewegen können. Sauber sollte es natürlich auch sein, aber das ist ja eigentlich klar.

Dann braucht ihr natürlich das richtige Handwerkszeug. Ganz wichtig ist das Arbeitsbrett. Dafür gilt: Je größer, desto besser! Es gibt nichts Schlimmeres beim Kochen, als ein zu kleines Arbeitsbrett, bei dem jede Kleinigkeit nach dem Schneiden sofort in eine Schüssel gepackt werden muss, damit man weiterarbeiten kann. Bei einem großen Brett könnt ihr z.B. die gehackten Kräuter einfach auf die Seite schieben und weiter geht es. An Küchentechnik wäre ein Stabmixer und ein Handrührgerät (oder eine Küchenmaschine) gut.

Kochen ist auch immer eine Frage der Organisation. Das gilt besonders, wenn es schnell gehen soll. Also zuerst alle benötigten Geräte bereitlegen. Für die meisten Rezepte in diesem Buch genügt das Arbeitsbrett, ein scharfes Messer, eine große Pfanne und manchmal ein Topf (z.B. für Nudeln) oder eine zweite Pfanne. Kochutensilien wie Kochlöffel, Kelle, Schneebesen usw. am besten in ein großes Glas- oder Keramikgefäß neben den Herd stellen. Als Nächstes werden alle Zutaten in Griffweite platziert. Im Rezept tauchen sie immer in der Reihenfolge auf, in der sie gebraucht werden. Gemüse, Salate und Kräuter sollten natürlich vorher gewaschen und/ oder geputzt werden.

Beim Nachkochen der Rezepte bitte nicht so schnell entmutigen lassen, wenn die ersten Gerichte vielleicht etwas länger dauern als angegeben. Ihr werdet ganz fix merken, dass ihr mit jedem gekochten Gericht schneller schneidet, schneller rührt, schneller die Pfanne schwenkt. Nach ein paar Wochen geht das alles ganz automatisch, und ihr habt auch gelernt, euch in eurer Küche richtig zu bewegen und die Arbeitsabläufe einzuteilen.

Es macht zudem Spaß, ein Gericht eine Woche später noch einmal zu kochen und die Zeit zu vergleichen! Vielleicht habt ihr auch eine Idee, wie ihr das Rezept nach eurem Geschmack verändern und anders abschmecken könnt. Nur zu! Die Küche ist ein großer Spielplatz – nutzt den Freiraum, den sie euch bietet.

Bei den Nudelgerichten läuft die Zeit, sobald das Wasser kocht. Bei den Topfgeldjägern habe ich aber schon mal die Nudeln in das kalte Wasser geschmissen. Das Ergebnis war kein bisschen schlechter als mit kochendem Wasser. Nur schneller fertig! Mit frischen Nudeln funktioniert das aber nicht.

Aber versteht mich nicht falsch. Ich will euch nicht durch die Küche jagen, damit ihr möglichst schnell da wieder raus seid – ich will euch zeigen, dass stundenlanges In-der-Küche-Stehen nicht nötig ist, um was Leckeres zu zaubern. Wenn ihr durch dieses Buch häufiger kocht, umso besser. Dann ist meine Mission erfüllt.

So, und jetzt gibt's nur eins. Ab in die Küche und kochen! Guten Appetit.

Erst lesen, dann kochen!

Die Rezepte sind in der Regel für 2 Personen gedacht. Gerichte, die sich gut aufheben bzw. mitnehmen lassen oder mit denen man Freunde bewirten kann, sind für 4 Personen angelegt. Die Mengen lassen sich jedoch ohne Weiteres halbieren oder vervielfachen. Daneben gibt es Rezepte für 2–4 Personen, bei denen es darauf ankommt, ob das Gericht als Vor- oder Hauptspeise bzw. im Rahmen eines Menüs gegessen wird. Bei hungrigen Essern langt die Menge eher nur für 2 Personen. Alle Gerichte stehen als Mahlzeit für sich allein, können aber auch zu Menüs nach Wunsch kombiniert werden (Vorschläge siehe Seite 190).

- Eier in den Rezepten sind Größe M (mittelgroß).
- Gemüsefond am besten selbst auf Vorrat kochen oder Fond aus dem Glas verwenden. Fond aus Brühwürfeln ist wegen des penetranten Eigengeschmacks eine Notlösung.
- Gemüse, Kräuter und Salate vor der Verarbeitung immer waschen und putzen.
- Kräuter wie Basilikum, Petersilie, Koriander etc. möglichst frisch hacken (Kräutertöpfchen auf dem Fensterbrett). Getrocknete Kräuter nur benutzen, wenn im Rezept ausdrücklich so angegeben.
- Bei Limetten, Zitronen, Orangen Bio-Ware kaufen, weil häufig die abgeriebene Schale gebraucht wird.
- Parmesan am Stück kaufen und selbst reiben. Geriebener Käse hält sich in einer luftdichten Plastikdose im Kühlschrank etwa 1 Woche.
- Pfeffer frisch mit der Pfeffermühle mahlen, da Streupfeffer aus der Dose wenig Geschmack hat und häufig muffig ist.

Weitere Infos zu den Zutaten im Anhang ab Seite 185.

10-Minuten-Rezepte

Fenchel-Birnen-Salat

Birne schälen, vierteln, das Kerngehäuse entfernen und in dünne Spalten schneiden. Öl in einer Pfanne erhitzen und die Birnenscheiben bei mittlerer Hitze darin andünsten.

Fenchel in sehr dünne Scheiben schneiden oder hobeln und zu den Birnenscheiben geben. Mit Salz und Pfeffer würzen.

Petersilienblätter grob hacken. Zusammen mit dem Zitronensaft zum Gemüse geben und untermischen. Pfanne vom Herd nehmen.

Chili längs halbieren, entkernen und fein hacken. Salat mit Chili, Salz und Pfeffer abschmecken, auf Teller verteilen und lauwarm servieren.

10 Minuten

<u>2 Personen</u>
- 1 Birne
- 4 EL Olivenöl
- 1 Fenchelknolle
- Salz, Pfeffer
- 1 Handvoll Petersilienblätter
- 3–4 EL Zitronensaft
- 1 rote Chilischote

Passt auch sehr gut zu Fischgerichten. Man kann den Salat zudem super mit Walnuss- oder Macadamiakernen verfeinern. Oder mit Blauschimmelkäse!

Kalte Joghurt-Gurken-Suppe

Apfel schälen, halbieren und das Kerngehäuse entfernen. Apfel und Gurke grob zerkleinern.

Apfel- und Gurkenstücke, Joghurt, Zitronensaft, ½ TL Salz und Mineralwasser mit dem Stabmixer oder im Mixer sehr fein pürieren. Kalt stellen.

Essig, 1 Prise Zucker, Salz, Pfeffer und das Olivenöl verquirlen. Dill fein hacken und in die Essig-Öl-Mischung rühren. Krabbenfleisch dazugeben.

Die Suppe in tiefe Teller verteilen. Die Krabbenmischung in die Mitte löffeln und sofort servieren.

10 Miruten

2 Persoren
- 1 Apfel
- 1 Bio-Salatgurke
- 250 g Naturjoghurt (3,5% Fett)
- 1 EL Zitronensaft
- 100 ml eiskaltes Mineralwasser mit Kohlensäure
- 1 EL Apfelessig
- Zucker, Salz, Pfeffer
- 2 EL Clivenöl
- 1 Handvoll frische Dillspitzen
- 80 g Nordseekrabbenfleisch

Spaghetti mit frischer Tomatensauce

10 Minuten

Die Spaghetti in einem Topf mit kochendem Salzwasser nach Packungsanweisung bissfest garen.

Inzwischen Schalotte und Knoblauch schälen. Den Stielansatz der Flaschen- oder Kirschtomaten keilförmig herausschneiden. Tomaten, Schalotte und Knoblauch grob zerkleinern und in eine Schüssel geben.

Tomatenmark und zerbröselte Chilischote ebenfalls in die Schüssel geben. Alles mit dem Stabmixer oder im Mixer fein pürieren. Sauce durch ein feines Sieb streichen und mit Salz, Pfeffer und 1 Prise Zucker würzen. Olivenöl einrühren.

Mozzarella abtropfen lassen und in Stücke zupfen. Nudeln abgießen, mit 50 ml Kochwasser und der Sauce vermengen. Mit Basilikumblättern und Mozzarella bestreuen. Sofort servieren.

<u>4 Personen</u>
- 250 g Spaghetti
- Salz
- 1 Schalotte
- 1 Knoblauchzehe
- 500 g reife Flaschen- oder Kirschtomaten
- 1½ EL Tomatenmark
- 1 kleine getrocknete Chilischote
- Pfeffer, Zucker
- 3 EL Olivenöl
- 1 Büffelmozzarella (250 g)
- 1 Handvoll Basilikumblätter

Noch schneller geht's, wenn ihr einfach Spaghettini nehmt, die sind dünner und schneller gar. Die Basilikumblätter geben der Sauce ein wunderbares Aroma.

Speck-Gurken-Salat mit Asiadressing

<u>2 Personen:</u> 150 g durchwachsener Speck • 1 EL Sonnenblumenöl • 2 Sternanise • 2–5 getrocknete Chilischoten • 80 g ungesalzene Erdnusskerne • 2 EL Sherry • 1 Bio-Salatgurke • 1 Handvoll Koriandergrün • 3 EL Reisessig (ersatzweise Weißweinessig) • 1–2 EL Limettensaft • ½ TL Salz • 1–2 TL Zucker • 1 EL geröstete Sesamsamen

Speck in kleine Würfel schneiden. Öl in einer Pfanne erhitzen, Speck mit Sternanis und zerbröselten Chilischoten darin knusprig braten.

Erdnusskerne dazugeben und kurz mitbraten. Mit Sherry ablöschen. Pfanne vom Herd ziehen und alles abkühlen lassen.

Gurke längs halbieren, mit einem Löffel entkernen und schräg in etwa 5 mm dicke Scheiben schneiden. Koriandergrün grob hacken.

In einer Schüssel Reisessig und Limettensaft verrühren und mit Salz und Zucker würzen. Koriander, Gurken und Speckmischung dazugeben und auf Teller verteilen. Mit Sesam bestreuen und servieren.

Scharfe Spaghetti carbonara

Spaghetti in einem Topf mit Salzwasser nach Packungsanweisung bissfest garen.

Inzwischen Chili und Petersilie fein hacken. Speck fein würfeln und in einer Pfanne mit dem Öl knusprig auslassen. Erbsen und Chili dazugeben und in der Pfanne durchwärmen.

Parmesan, Sahne und Eier in einer Schüssel verquirlen.

Nudeln abgießen und rasch in der Pfanne mit dem Speck vermengen. Die Käsesahne dazugeben, alles kräftig vermischen und sofort servieren. Mit viel Pfeffer würzen und mit der Petersilie bestreuen.

10 Minuten

<u>4 Personen</u>
- 250 g Spaghetti
- Salz
- 1 rote Chilischote
- 1 Handvoll Petersilienblätter
- 100 g Speck
- 1 EL Olivenöl
- 100 g TK-Erbsen
- 60 g Parmesan, gerieben
- 75 g Sahne
- 3 Eier
- schwarzer Pfeffer

Carbonara-Rezepte gibt es wie Sand am Meer, aber dieses ist mein absoluter Liebling. Der Chili kickt richtig. Falls ihr es nicht ganz so scharf mögt, die Kerne aus der Chilischote entfernen oder die Chilischote gegen eine Peperoni tauschen.

Gebratener Blumenkohl mit Cashewkernen und Feta

<u>2 Personen:</u> 350 g Blumenkohl • 4 EL Olivenöl • 40 g Cashewkerne • 100 g Feta • 6 dünne Scheiben Parmaschinken • 1 Handvoll Minzeblätter • Salz, Pfeffer

Blumenkohl in Röschen teilen und in Scheiben schneiden. Den Strunk schälen und ebenfalls in Scheiben schneiden. Olivenöl in einer Pfanne erhitzen, den Blumenkohl 2–3 Minuten anbraten. Cashewkerne dazugeben und mitbraten. 100 ml Wasser angießen und das Gemüse bissfest garen.

Feta zerbröseln, Parmaschinken klein schneiden. Beides zum Blumenkohl geben und 1–2 Minuten mitbraten. Minzeblätter grob hacken und untermischen. Mit Salz und Pfeffer würzen, auf Teller verteilen und sofort servieren.

Rindfleischpfanne mit Chorizo, Rucola und Bohnen

<u>2 Personen:</u> 200 g Rumpsteak • 1 Laugenbreze • 60 g Chorizo am Stück • 100 g grüne Bohnen • 100 g Rucola • 4 EL Olivenöl • 8 schwarze Oliven • Salz, Pfeffer

Fleisch in dünne Scheiben schneiden. Breze in Würfel schneiden. Chorizo in dünne Scheiben schneiden. Bohnen halbieren. Rucola klein schneiden.

Öl in einer Pfanne erhitzen. Fleischscheiben salzen, pfeffern und bei großer Hitze unter Rühren anbraten. Aus der Pfanne nehmen. Chorizo in die Pfanne geben und anbraten. Brezenwürfel und Bohnen dazugeben und 4–5 Minuten weiterbraten.

Fleisch, Rucola und Oliven dazugeben und durchschwenken. Mit Salz und Pfeffer abschmecken, auf Teller verteilen und sofort servieren.

10 Minuten

Seeteufel auf Knoblauchspinat

Zwiebel und Knoblauch schälen und fein hacken. Bacon klein schneiden. Mehl auf einen flachen Teller geben.

3 EL Olivenöl in einer beschichteten Pfanne erhitzen. Fisch mit Salz und Pfeffer würzen, in Mehl wenden. Überschüssiges Mehl abklopfen. Bei mittlerer Hitze 2 Minuten auf jeder Seite braten. Nach 2 Minuten Bacon und Butter dazugeben.

Restliches Öl (3 EL) in einem Topf erhitzen. Knoblauch und Zwiebel darin andünsten. Spinat dazugeben, zusammenfallen lassen. Mit Salz, Pfeffer und Zitronensaft würzen.

Spinat mit den Seeteufelfilets auf Teller geben und mit der Bacon-Butter beträufeln.

2 Personen
- 1 Zwiebel
- 1 Knoblauchzehe
- 2 Scheiben Bacon
- 4 EL Mehl
- 6 EL Olivenöl
- 4 küchenfertige Seeteufelfilets (à 80 g), ohne Haut
- Salz, Pfeffer
- 2 EL Butter
- 200 g Babyspinat
- Saft von ½ Zitrone

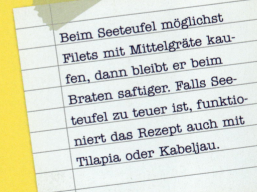

Beim Seeteufel möglichst Filets mit Mittelgräte kaufen, dann bleibt er beim Braten saftiger. Falls Seeteufel zu teuer ist, funktioniert das Rezept auch mit Tilapia oder Kabeljau.

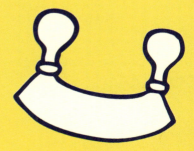

Limetten-Pasta

10 Minuten

4 Personen: 200 g Zucchini • 4 Stängel Minze • Salz • 250 g Tagliolini • 4 EL Olivenöl • Pfeffer • 1–2 EL Limettensaft • abgeriebene Schale von 2 Limetten • 40 g Parmesan, gerieben

Zucchini auf der Küchenreibe grob raspeln. Minzeblätter abzupfen und in feine Streifen schneiden. Salzwasser in einem Topf zum Kochen bringen. Tagliolini darin nach Packungsanweisung garen.

Inzwischen Öl in einer Pfanne erhitzen, Zucchini darin 3–4 Minuten dünsten. Mit Salz, Pfeffer und Limettensaft abschmecken. Minzestreifen und Limettenschale untermischen. Nudeln abgießen und mit der Zucchinimischung vermengen. Parmesan untermischen und sofort servieren.

Falls ihr mehr Zeit habt, aus den zwei Limetten die Filets herausschneiden und unter die Nudeln mischen. Auf das fertige Gericht noch eine Runde schwarzen Pfeffer mahlen, das kommt auch immer lecker.

10 Minuten

Kalbs-Carpaccio

2 Personen
- 250 g Kalbsfilet aus dem Mittelstück
- Salz, Pfeffer
- Chiliflocken
- 4 EL Olivenöl
- 1–2 EL Zitronensaft
- ½ Bund Schnittlauch
- 2 EL geriebener Parmesan

Fleisch mit einem sehr scharfen Messer in möglichst dünne Scheiben schneiden. Die Scheiben einzeln zwischen zwei Lagen Klarsichtfolie platt klopfen. Wer keinen Fleischklopfer hat, nimmt eine Pfanne.

Fleischscheiben nebeneinander auf zwei Teller legen. Mit Salz, Pfeffer und Chiliflocken würzen.

Olivenöl und Zitronensaft in einer Tasse verquirlen. Schnittlauch in feine Röllchen schneiden. Carpaccio mit der Olivenölmischung beträufeln und mit Parmesan und Schnittlauch bestreuen.

> Wenn man das Kalbfleisch vor dem Schneiden rundherum mit Salz und Pfeffer würzt und ganz kurz von allen Seiten anbrät, schmeckt es besonders gut. Geht natürlich auch mit Rinderfilet.

Tomaten-Garnelen-Gratin

Backofen auf Grillstufe vorheizen. Tomaten würfeln, dabei den Stielansatz entfernen. Garnelen und Bacon in grobe Stücke schneiden.

Petersilienblätter hacken. Avocado halbieren, entsteinen und in Würfel schneiden.

Öl in einer Pfanne erhitzen. Garnelen, Tomaten und Bacon darin 3–4 Minuten anbraten.

Petersilie und Avocado untermischen, salzen, pfeffern und alles in eine Auflaufform füllen. Das Gratin mit dem geriebenen Parmesan bestreuen.

Unter dem heißen Backofengrill auf der obersten Schiene 3–4 Minuten überbacken. Sofort servieren.

10 Minuten

2 Personen
- 2 Tomaten
- 6 küchenfertige Garnelen, ohne Kopf und Schale
- 2 Scheiben Bacon
- 1 Handvoll Petersilienblätter
- 1 reife Avocado
- 3 EL Olivenöl
- 30 g Parmesan, gerieben
- Salz, Pfeffer

Zuerst einfach ein paar Weißbrotscheiben in der Pfanne rösten. Die dann in die Auflaufform legen, später den Rest oben draufpacken und gratinieren. Das Brot saugt den Sud auf. Noch Fragen? Lecker!

Garnelenpfanne »Caipirinha«

<u>2 Personen:</u> 6 Stangen grüner Spargel • 8 küchenfertige Garnelen, ohne Kopf und Schale • 3 EL Olivenöl • 1 TL brauner Zucker • 2 EL weißer Rum • Saft von ½ Limette • ½ Bund Schnittlauch • Salz, Pfeffer

Vom Spargel holzige Enden abschneiden und schräg in dünne Scheiben schneiden. Garnelen klein schneiden. Öl in einer Pfanne erhitzen und die Garnelen darin anbraten. Spargelscheiben dazugeben und etwa 4 Minuten mitbraten.

Braunen Zucker darüberstreuen und karamellisieren lassen. Mit weißem Rum und Limettensaft ablöschen. Schnittlauch grob hacken und untermischen. Mit Salz und Pfeffer würzen. Auf Teller verteilen und sofort servieren.

10 Minuten

Daraus kann man auch einen tollen Salat machen. Einfach Frisée- oder Römersalat grob zerzupfen und in der Pfanne mitbraten. Einen Caipi dazu und guten Appetit.

Weißer Spargel auf mediterrane Art

10 Minuten

Spargel schälen, die holzigen Enden abschneiden und in dünne Scheiben schneiden. Zucchini vierteln, das Kerngehäuse entfernen und in Scheiben schneiden.

Paprika halbieren, entkernen und in Streifen schneiden. Oliven halbieren. Thymianblätter abzupfen und grob hacken.

Olivenöl in einer Pfanne erhitzen. Gemüse hineingeben und andünsten. Oliven, Thymian und etwas Wasser dazugeben. Wasser verkochen lassen.

Tomatenmark und Butter unterrühren. Auf Teller verteilen und mit Parmesan bestreuen.

2 Personen
- 8 Stangen weißer Spargel
- 200 g Zucchini
- 1 kleine rote Paprika
- 6 grüne Oliven ohne Stein
- 2 Zweige Thymian
- 4 EL Olivenöl
- 1 EL Tomatenmark
- 1 EL Butter
- 30 g Parmesan, dünn gehobelt

Dieses Gericht kann man auch super mit Rindfleisch kombinieren: Rohes Rumpsteak in dünne Scheiben schneiden und hauchdünn klopfen. Auf das heiße Gemüse legen, mit Salz und Pfeffer würzen.

Gebratener Endiviensalat

Salat trocken schleudern und die Blätter in Stücke zupfen. Petersilienblätter grob hacken. Getrocknete Tomaten abtropfen lassen und in Streifen schneiden.

Öl in einer Pfanne erhitzen. Salat und Pinienkerne darin bei milder Hitze 3–4 Minuten braten. Petersilie und getrocknete Tomaten dazugeben und untermischen. Alles mit Salz und Pfeffer würzen. Mit Balsamico-Essig abschmecken.

Salat auf Teller verteilen, mit Parmesan bestreuen und servieren.

10 Minuten

<u>2 Personen</u>
- 200 g Endiviensalat
- 1 Handvoll Petersilienblätter
- 50 g getrocknete Tomaten in Öl
- 5 EL Olivenöl
- 4 EL Pinienkerne
- Salz, Pfeffer
- 1–2 EL Balsamico-Essig
- 30 g Parmesan, dünn gehobelt

Alle Vegetarier Augen zuhalten! Dieses Gericht verträgt sich sehr gut mit leckerem, in Streifen geschnittenem Bacon! Einfach mitbraten lassen. Augen wieder auf!

Gratinierter Ziegenkäse mit Zucchinigemüse

Zucchini in dünne Scheiben hobeln oder schneiden. Knoblauchzehen schälen und zerdrücken.

Öl in einer Pfanne erhitzen und die Zucchini darin 1–2 Minuten andünsten. Knoblauch und Thymian dazugeben. Alles salzen, pfeffern und in 3–4 Minuten fertig garen.

Thymianzweige entfernen. Gemüse mit Zitronensaft abschmecken und auf Tellern anrichten.

Ziegenkäsetaler mit je 1 TL braunem Zucker bestreuen und mit dem Bunsenbrenner goldbraun karamellisieren.

Je 2 Ziegenkäsetaler auf das Zucchinigemüse setzen, mit etwas Pfeffer würzen und sofort servieren.

10 Minuten

<u>2 Personen</u>
- 350 g Zucchini
- 2 Knoblauchzehen
- 5 EL Olivenöl
- 4 Zweige Thymian
- Salz, Pfeffer
- 1 EL Zitronensaft
- 4 Ziegenkäsetaler (z. B. Picandou)
- 4 TL brauner Zucker

Klasse Beilage zu Lammgerichten

Beim Schneiden von rohem Fisch immer darauf achten, dass die Messerklinge feucht ist. Dadurch gleitet das Messer viel besser durch den Fisch. Und falls ihr alten Balsamico-Essig im Schrank habt, einfach ganz am Schluss ein bisschen über das Gericht träufeln.

Thunfisch-Sashimi mit Rucola-Petersilien-Pesto

Für das Pesto Olivenöl in einen schmalen, hohen Messbecher geben. Petersilienblätter abzupfen, grob hacken und zum Öl geben. 50 g Rucola klein schneiden und dazugeben.

Mandeln, Kapern und Gemüsefond hinzufügen. Alles mit dem Stabmixer fein pürieren. Mit Salz, Pfeffer, 1 Prise Zucker und Zitronensaft abschmecken.

Kirschtomaten halbieren. Thunfisch in dünne Scheiben schneiden. Restlichen Rucola auf den Tellern anrichten. Thunfischscheiben, Kirschtomaten und Pesto darauf verteilen. Sofort servieren.

<u>2 Personen</u>
- 80 ml Olivenöl
- ½ Bund Petersilie
- 200 g Rucola
- 30 g Mandelstifte
- 2 EL Kapern
- 50 ml Gemüsefond (siehe Seite 185)
- Salz, Pfeffer, Zucker
- 1–2 EL Zitronensaft
- 8 Kirschtomaten
- 300 g rohes Thunfischfilet

10 Minuten

Lammkoteletts mit Chinakohl-Gurken-Salat

2 Personen: 80 g Chinakohl • 60 g Bio-Salatgurke • 2 Frühlingszwiebeln • 60 g feine gemischte Salatblättchen • 3 EL Balsamico-Essig • 1 TL süßer Senf • 5 EL Traubenkernöl (ersatzweise Sonnenblumenöl) • Salz, Pfeffer • 4 Lammkoteletts (à 80 g) • etwas Olivenöl • 2 Knoblauchzehen • 2 Zweige Thymian • 2 Zweige Rosmarin

Chinakohl in Stücke schneiden. Gurke in Scheiben schneiden. Frühlingszwiebeln in dünne Scheiben schneiden. Alles in einer Schüssel mit den Salatblättchen vermischen.

Für das Dressing Balsamico-Essig, Senf, 2 EL Wasser und Traubenkernöl verquirlen und mit Salz und Pfeffer abschmecken.

Lammkoteletts von beiden Seiten salzen und pfeffern. Olivenöl in einer Pfanne erhitzen und das Fleisch darin bei starker Hitze auf jeder Seite 2–3 Minuten anbraten.

Knoblauchzehen schälen und halbieren. Thymian, Rosmarin und Knoblauchzehen nach der Hälfte der Zeit zum Fleisch geben und mitbraten.

Lammkoteletts auf Teller legen. Salat mit dem Dressing mischen und zu den Koteletts geben. Sofort servieren.

Austernpilze mit Speck

Für das Dressing Schalotten schälen und fein würfeln. Speck fein würfeln. 4 EL Olivenöl in einer Pfanne erhitzen. Schalotten und Speck bei mittlerer Hitze 3 Minuten anbraten.

Austernpilze in Stücke zupfen. Birne vierteln, das Kerngehäuse entfernen und in Spalten schneiden.

Restliches Öl in einer zweiten Pfanne erhitzen und die Pilze darin goldbraun braten. Birnen dazugeben und 2 Minuten mitgaren.

Speckmischung für das Dressing mit dem Rinderfond ablöschen. Pfanne vom Herd ziehen. Weißweinessig, Salz, Pfeffer und 1 Prise Zucker unterrühren.

Friséesalat in Stücke zupfen. Schnittlauch in feine Röllchen schneiden. Pilzmischung und Friséesalat in einer Schüssel mit dem Dressing vermengen und mit Schnittlauch bestreuen.

10 Minuten

2 Personen
- 2 Schalotten
- 50 g durchwachsener Speck
- 7 EL Olivenöl
- 250 g Austernpilze
- 1 Birne
- 100 ml Rinderfond
- 2 EL Weißweinessig
- Salz, Pfeffer, Zucker
- 50 g Friséesalat
- ½ Bund Schnittlauch

Ich liebe Crème fraîche! Deswegen gebe ich bei solchen Gerichten zum Schluss immer gern noch einen Löffel davon mit in die Pfanne. Eine gute Alternative zu den Austernpilzen sind übrigens Kräutersaitlinge.

Gebratener Brokkoli

10 Minuten

2 Personen: 500 g Brokkoli • 3 EL Sonnenblumenöl • 2 Knoblauchzehen • 1 rote Chilischote • 2 EL Sherry • 1 TL Zucker • 2 EL Sojasauce • 1–2 EL Austernsauce • 1 TL dunkles Sesamöl • Pfeffer

Brokkoli in Röschen teilen. Brokkolistrunk schälen und in 2 cm lange Stifte schneiden. Öl in einer Pfanne erhitzen. Brokkoli darin bei mittlerer Hitze 4 Minuten anbraten.

Knoblauchzehen schälen und fein hacken. Chilischote längs halbieren, entkernen und fein hacken.

Knoblauch und Chili zum Brokkoli geben und 2 Minuten mitbraten. 50 ml Wasser, Sherry, Zucker, Sojasauce und Austernsauce dazugeben und gut umrühren.

Deckel auf Pfanne legen, Hitze reduzieren und den Brokkoli 2–3 Minuten dünsten. Sesamöl untermischen, alles mit Pfeffer würzen und sofort servieren.

Dadurch, dass der Brokkoli nicht gekocht sondern gebraten wird, bekommt er einen ganz besonderen Geschmack. Das Rezept funktioniert übrigens auch mit Blumenkohl. Dann einfach etwas länger braten.

Italienisches Tatar

10 Minuten

Schalotten schälen. Kapernäpfel fein hacken. Schalotten und getrocknete Tomaten in feine Würfel schneiden.

Butter in einer Pfanne erhitzen. Schalotten und getrocknete Tomaten darin andünsten. Gehackte Kapern und 1 Prise Zucker dazugeben. Pfanne vom Herd ziehen.

Kalbsfilet zuerst in dünne Scheiben, dann in feine Würfel schneiden, anschließend sehr fein hacken. Basilikumblätter fein hacken.

Fleisch mit der Schalottenmischung aus der Pfanne in eine Schüssel geben. Mit 2 EL Olivenöl und dem Basilikum vermengen. Mit Salz, Pfeffer und Cayennepfeffer würzen.

Tatar auf Teller verteilen und mit dem restlichen Olivenöl (1 EL) beträufeln.

2 Personen
- 2 Schalotten
- 4 Kapernäpfel
- 4 getrocknete Tomaten in Öl
- 1 EL Butter
- 1 Prise Zucker
- 250 g Kalbsfilet
- 1 Handvoll Basilikumblätter
- 3 EL Olivenöl
- Salz, Pfeffer
- Cayennepfeffer

> Wenn ihr Eindruck schinden wollt, dann formt ihr das Tatar wie eine Frikadelle und bratet es ganz kurz von oben und unten an. Außen sind dann leckere Röstaromen und innen ist es noch roh und saftig.

Zabaione mit gemischten Beeren

10 Minuten

Erdbeeren von den Kelchen befreien und klein schneiden. Mit den Blaubeeren auf 4 Gläser verteilen.

Zucker, Orangensaft, Espresso, Marsala und Eigelbe in einer Metallschüssel verrühren. Auf einen Topf mit heißem, nicht kochendem Wasser setzen und mit dem Schneebesen oder dem Handrührgerät kräftig aufschlagen, bis eine helle Creme entstanden ist.

Vom Wasserbad nehmen, in eine Schüssel mit Eiswürfeln setzen und kalt schlagen. Die Zabaione auf den Beeren verteilen und sofort servieren.

<u>4 Personen</u>
- 200 g Erdbeeren
- 200 g Blaubeeren
- 40 g Zucker
- 40 ml Orangensaft
- 1 Schuss Espresso
- 70 ml Marsala
- 4 Eigelb
- Eiswürfel

Wenn es noch schneller gehen soll, einfach die heiße Zabaione auf die Früchte geben. Keine Erdbeeren, keine Blaubeeren auf dem Markt zu bekommen? Kein Problem, schmeckt auch mit Apfel oder einem anderen Obst.

Ein Sommerklassiker, schmeckt nur mit weißem Spargel!

Spargel-Erdbeer-Salat

Spargel schälen, die holzigen Enden abschneiden und schräg in dünne Scheiben schneiden. Wichtig ist, dass der Spargel wirklich dünn geschnitten ist. Dickere Scheiben 10 Sekunden in kochendem Wasser tauchen.

Erdbeeren von den Kelchen befreien und ebenfalls in dünne Scheiben schneiden. Schnittlauch in 1 cm lange Röllchen schneiden. Spargel, Erdbeeren und Schnittlauch in einer Schüssel mischen. Mit Salz, Pfeffer und Chiliflocken würzen.

Vanilleschote längs halbieren und das Mark herauskratzen. Honig, Vanillemark, Zitronensaft und Olivenöl verrühren und als Dressing zum Salat geben.

Salat gut durchmischen und mit Sesamsamen bestreuen. Sofort servieren.

10 Minuten

2 Personen
- 250 g weißer Spargel
- 125 g Erdbeeren
- 1 Bund Schnittlauch
- Salz, Pfeffer
- Chiliflocken
- 1 Vanilleschote
- 1–2 TL flüssiger Honig
- 2–3 EL Zitronensaft
- 2 EL Olivenöl
- 1 EL geröstete Sesamsamen

Baiser mit Nusskaramell

Nuss- und Mandelkerne grob hacken. Honig in einer Pfanne erhitzen, gehackte Nusskerne zugeben und 1–2 Minuten rösten. Auf ein mit Backpapier ausgelegtes Backblech geben und abkühlen lassen.

Sahne steif schlagen. Baiser in Stücke brechen und mit der Sahne vermischen. Johannisbeeren von den Rispen zupfen.

Beeren, Sahne und Nusskaramell abwechselnd in Gläser schichten und servieren.

10 Minuten

<u>4 Personen</u>
- 40 g Mandelkerne
- 40 g Haselnusskerne
- 40 g Walnusskerne
- 4 EL flüssiger Honig
- 200 g Sahne
- 60 g Baiser
- 200 g Johannisbeeren

Wenn nur Erwachsene mitessen, ruhig einen kleinen Schuss Amaretto mit in die Sahne geben.

Tandoori-Ananas mit Minzesauce

Baby-Ananas schälen, längs achteln und den holzigen Strunk entfernen. Tandoori-Gewürz auf einen flachen Teller geben.

Ananasachtel auf Holzspieße stecken, dünn mit Honig bepinseln und in Tandoori-Gewürz wälzen, sodass sie ringsum bedeckt sind. Minzeblätter fein hacken. Joghurt mit Zitronensaft und Minze verrühren.

Butter in einer beschichteten Pfanne oder einer Grillpfanne erhitzen und die Ananasspieße darin 2–3 Minuten von allen Seiten anbraten. Mit der Minzesauce servieren.

10 Minuten

<u>4 Personen</u>
- 2 Baby-Ananas
- 4 EL Tandoori-Gewürz
- 2 EL flüssiger Honig
- 1 Handvoll Minzeblätter
- 125 g griechischer Naturjoghurt (10% Fett)
- 1–2 EL Zitronensaft
- 2 EL Butter

Wenn ihr keine Baby-Ananas bekommt, nehmt einfach eine herkömmliche. Aber den Reifetest nicht vergessen: Lässt sich das innerste Blatt leicht herauszupfen, ist die Ananas reif.

15-Minuten-Rezepte

Scharfe Maissuppe

15 Minuten

Knoblauch schälen und in Scheiben schneiden. Chilischote in feine Ringe schneiden. Mais in ein Sieb schütten und abtropfen lassen.

In einem Topf 2 EL Olivenöl erhitzen. Knoblauch und Chili darin andünsten. Mais dazugeben und kurz mitdünsten.

Mit Salz würzen und 4–5 EL Mais als Suppeneinlage abnehmen. 750 ml Gemüsefond und Sahne dazugießen. Suppe bei mittlerer Hitze 5 Minuten köcheln lassen.

Suppe vom Herd nehmen und mit dem Stabmixer fein pürieren. Sollte die Suppe zu dick sein, noch einmal 50 ml Gemüsefond dazugeben. Mit Salz, Zucker und 1 EL Zitronensaft abschmecken.

Minze- und Petersilienblätter fein hacken. Schnittlauch in feine Röllchen schneiden. Die Kräuter mit Essig, restlichem Öl (4 EL) und Zitronensaft (2 EL) verrühren.

Suppe in Teller füllen und den beiseitegestellten Mais hineingeben. Mit dem Kräuteröl beträufeln und servieren.

<u>4 Personen</u>
- 2 Knoblauchzehen
- 1 rote Chilischote
- 2 Dosen Mais (à 450 g)
- 6 EL Olivenöl
- Salz
- 750–800 ml Gemüsefond (siehe Seite 185)
- 150 g Sahne
- 1 Prise Zucker
- 3 EL Zitronensaft
- 1 Handvoll Minzeblätter
- 1 Handvoll Petersilienblätter
- 1 Bund Schnittlauch
- 1 EL Weißweinessig

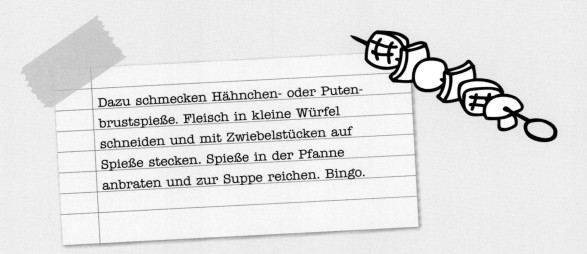

Dazu schmecken Hähnchen- oder Putenbrustspieße. Fleisch in kleine Würfel schneiden und mit Zwiebelstücken auf Spieße stecken. Spieße in der Pfanne anbraten und zur Suppe reichen. Bingo.

Bauernfrühstück

Kartoffeln schälen und in 2 cm große Würfel schneiden. Sonnenblumen- und Sesamöl in einer großen beschichteten Pfanne erhitzen. Kartoffeln darin goldbraun braten.

Inzwischen Lauch und Chinakohl in feine Streifen schneiden. Senfgurken grob klein schneiden. Petersilienblätter grob hacken. Chinakohl und Lauch zu den Kartoffeln in die Pfanne geben und 2–3 Minuten mitbraten.

Eier mit Sojasauce, Petersilie, Salz, Pfeffer und 1 Prise Zucker verquirlen. Senfgurken und Eimasse zu den Kartoffeln geben. Schütteln, damit sich die Eier gut verteilen.

Alles zugedeckt bei mittlerer Hitze in 8–10 Minuten stocken lassen. Mit Sesam bestreuen und servieren.

15 Minuten

<u>2 Personen</u>
- 500 g gekochte Kartoffeln vom Vortag
- 5 EL Sonnenblumenöl
- 1 EL dunkles Sesamöl
- 150 g Lauch
- 200 g Chinakohl
- 80 g Senfgurken
- 1 Handvoll Petersilienblätter
- 4 Eier
- 2 EL Sojasauce
- Salz, Pfeffer, Zucker
- 2 EL geröstete Sesamsamen

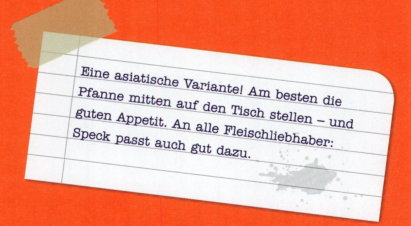

Eine asiatische Variante! Am besten die Pfanne mitten auf den Tisch stellen – und guten Appetit. An alle Fleischliebhaber: Speck passt auch gut dazu.

Guacamole mit Tortillachips

Gegrillte Avocado

Guacamole mit Tortillachips

2 Personen: 2 Tortillafladen · 1 TL rosenscharfes Paprikapulver · 3 EL Olivenöl · 20 g Parmesan, gerieben · 1 Handvoll Koriandergrün · 1 rote Zwiebel · 1 frische rote Chilischote · 2 reife Avocados · 2 EL Crème fraîche · 1 Tomate · Salz, Pfeffer · 2–3 EL Limettensaft

Für die Chips Backofen auf 180 °C Ober-/Unterhitze (Umluft 160 °C) vorheizen. Tortillafladen vierteln und auf ein mit Backpapier ausgelegtes Backblech legen. Paprikapulver und Öl mischen. Tortillastücke mit dem Öl bestreichen und mit Parmesan bestreuen. Im vorgeheizten Backofen auf der mittleren Schiene in etwa 10 Minuten goldbraun backen. Auf dem Blech abkühlen lassen.

Für die Guacamole Koriandergrün grob hacken. Zwiebel schälen und fein würfeln. Chili längs halbieren, entkernen und fein hacken. Avocados halbieren und entkernen. Fruchtfleisch mit einem Löffel aus der Schale heben und mit einer Gabel zerdrücken. Koriander, Zwiebel, Chili und Crème fraîche untermischen. Tomate halbieren, Stielansatz und Kerne entfernen, klein würfeln und unter die Guacamole heben. Mit Salz, Pfeffer und Limettensaft abschmecken. Mit den Tortillachips servieren.

Gegrillte Avocado

2–4 Personen: 1 kleine rote Paprika · 1 rote Zwiebel · 2 Ziegenfrischkäsetaler (z. B. Picandou) · 2 reife, feste Avocados · 6 EL Olivenöl · Salz, Cayennepfeffer · 3 EL Weißweinessig · 1 TL körniger Senf · Pfeffer, Zucker

Paprika vierteln, entkernen und fein würfeln. Zwiebel schälen und fein würfeln. Ziegenfrischkäse zerbröseln. Avocados längs halbieren und den Stein entfernen. 2 EL Öl mit Salz und Cayennepfeffer verrühren. Die Schnittflächen damit einpinseln. 1 EL Öl in einer Grillpfanne verstreichen. Avocados auf den Schnittflächen 4–5 Minuten bei mittlerer Hitze anbraten.

Inzwischen den Essig und das restliche Öl (3 EL) mit dem Senf verquirlen. Mit Salz, Pfeffer und 1 Prise Zucker würzen. Paprika- und Zwiebelwürfel untermischen. Avocadohälften auf Teller legen und mit Ziegenfrischkäse und Vinaigrette füllen.

Avocado-Grapefruit-Gratin

4× Avocado in 15 Minuten

Avocadosalat

Avocado-Grapefruit-Gratin

<u>2–4 Personen:</u> 2 rosa Grapefruits · 2 Avocados · 1 EL Butter · Salz, Pfeffer · 1 rote Chilischote · 1 Ei · 1 TL Zucker · 120 ml Sonnenblumenöl · ½ Bund Koriandergrün

Backofengrill vorheizen. Grapefruits so schälen, dass die weiße Haut vollständig entfernt wird. Filets mit einem scharfen Messer zwischen den Trennhäuten herausschneiden und in einem Sieb abtropfen lassen. Saft auffangen. Avocados längs halbieren, schälen und den Stein entfernen. Avocadohälften in dünne Scheiben schneiden. Avocados und Grapefruits dachziegelartig in 2 gebutterte, ofenfeste Förmchen schichten. Mit Salz und Pfeffer würzen.

Für die Chilimayonnaise Chili halbieren, die Kerne entfernen. Mit Ei, ½ TL Salz, 3 EL Grapefruitsaft, Zucker und Sonnenblumenöl in ein hohes Gefäß geben. Mit dem Stabmixer pürieren, bis eine dicke Creme entsteht. Dabei den Stab zuerst auf eine Stelle halten, bis die Zutaten anfangen, sich zu verbinden, dann langsam auf und ab bewegen.

Die Mayonnaise auf das Gratin verteilen. Unter dem heißen Backofengrill auf der obersten Schiene 1–2 Minuten goldbraun überbacken. Koriander mit den zarten Stängeln grob hacken. Gratin herausnehmen, mit Koriander bestreuen und sofort servieren.

Avocadosalat

<u>2–4 Personen:</u> 1 rote Chilischote · 250 g Mozzarella · 5 Stängel Basilikum · 1 rote Zwiebel · 2 Avocados · 2 reife Pfirsiche · 2–3 EL Zitronensaft · 1 EL flüssiger Honig · 6 EL Olivenöl · Salz, Pfeffer

Chili in feine Ringe schneiden. Mozzarella in dünne Scheiben schneiden. Basilikumblätter abzupfen. Zwiebel schälen und in dünne Streifen schneiden. Avocados längs halbieren, schälen, den Stein entfernen und längs in Spalten schneiden. Pfirsiche halbieren, den Kern entfernen und in dünne Scheiben schneiden.

Für das Dressing Zitronensaft, Honig und Olivenöl verquirlen. Mit Chili, Salz und Pfeffer abschmecken. Mozzarella, Zwiebel, Basilikum und Pfirsiche vorsichtig vermischen und mit den Avocadospalten auf Tellern anrichten. Mit dem Dressing beträufeln.

Linguine mit Chili-Garnelen

4 Portionen: Salz • 350 g Linguine • 60 g Rucola • 2 Knoblauchzehen • 12 küchenfertige Garnelen, mit Kopf und Schale • 3 EL Olivenöl • 1 EL Butter • 2 getrocknete Chilischoten • 50 ml Weißwein • 30 g Parmesan, gerieben • Pfeffer • 1–2 EL Zitronensaft

15 Minuten

In einem Topf Salzwasser zum Kochen bringen. Linguine nach Packungsanweisung bissfest garen. Inzwischen Rucola grob klein schneiden. Knoblauch schälen und andrücken. Garnelen abspülen und trocken tupfen.

Öl und Butter in einer Pfanne erhitzen. Garnelen, Knoblauch und Chilischoten dazugeben und 3–4 Minuten von allen Seiten braten. Garnelen mit Weißwein ablöschen und kurz einkochen lassen. Pfanne vom Herd ziehen, Rucola zugeben und untermischen.

Nudeln abgießen und 75 ml Nudelwasser auffangen. Nudeln, Nudelwasser und die Hälfte des Parmesans zu den Garnelen geben. Alles gut vermengen und mit Salz, Pfeffer und Zitronensaft abschmecken. Mit dem restlichen Parmesan bestreuen und sofort servieren.

> Achtet bei den Garnelen auf Seawater-Qualität, besonders bei den gefrorenen Dingern. Die kommen aus dem Meer und nicht aus dem Zuchtbecken. Auftauen lassen solltet ihr sie ausschließlich in kaltem Wasser.

Hähnchenbrust mit grünem Spargel

Hähnchenbrust waagerecht halbieren. Beide Hälften zwischen zwei Lagen Klarsichtfolie platt klopfen. Wer keinen Fleischklopfer hat, nimmt eine Pfanne.

2 EL Öl in einer Pfanne erhitzen. Fleisch ringsherum salzen und pfeffern. Bei mittlerer Hitze auf jeder Seite 4–5 Minuten braten.

Vom Spargel holzige Enden abschneiden und schräg in dünne Scheiben schneiden. Enoki-Pilze säubern, Physalis halbieren.

Restliches Öl (2 EL) in einer zweiten Pfanne erhitzen. Spargel, Pilze und Physalis dazugeben und bei mittlerer Hitze darin dünsten.

Zucker zum Fleisch in die Pfanne streuen und leicht karamellisieren lassen.

Koriandergrün grob hacken und zum Fleisch geben, mit Sojasauce ablöschen. Pfanne vom Herd ziehen.

Schnittlauch in feine Röllchen schneiden, zum Gemüse geben und alles mit Salz und Pfeffer abschmecken. Das Gemüse mit dem Fleisch auf Teller geben und sofort servieren.

15 Minuten

<u>2 Personen</u>
- 350 g Hähnchenbrust, ohne Haut und Knochen
- 4 EL Sonnenblumenöl
- Salz, Pfeffer
- 6 Stangen grüner Spargel
- 30 g Enoki-Pilze
- 6 Physalis
- ½ TL Zucker
- 1 Handvoll Koriandergrün
- 3–4 EL Sojasauce
- ½ Bund Schnittlauch

Überbackenes Schweinefilet »Caprese«

Backofengrill vorheizen. Olivenöl in einer Pfanne erhitzen. Schweinefilet mit Salz und Pfeffer würzen und in der Pfanne 5 Minuten auf jeder Seite anbraten.

Bacon in Stücke schneiden und dazugeben. Tomaten halbieren und auf dem Fleisch verteilen. Rucola grob klein schneiden und dazugeben. Mit Salz und Pfeffer würzen, durchschwenken und in einer Auflaufform verteilen.

Mozzarella in Scheiben schneiden und auf dem Fleisch verteilen. Auf die obere Schiene unter den heißen Grill in den Backofen schieben und in 4–5 Minuten goldgelb überbacken. Herausnehmen und sofort servieren.

15 Minuten

<u>2 Personen</u>
- 4 EL Olivenöl
- 4 Scheiben Schweinefilet (à 100 g)
- Salz, Pfeffer
- 4 Scheiben Bacon
- 10 Kirschtomaten
- 80 g Rucola
- 125 g Mozzarella

Noch schneller geht es, wenn man den Mozzarella kurz mitbrät und sich das Überbacken schenkt. Wer das Gericht ein wenig aufpimpen möchte, sollte Büffelmozzarella nehmen!

Teriyaki-Burger mit Chilimayonnaise

Schalotte schälen und fein würfeln. Rinderhackfleisch mit Ketchup, Semmelbröseln, 1 Ei, Schalottenwürfeln, Salz und Pfeffer zu einer glatten Masse verkneten. Mit angefeuchteten Händen 2 flache Frikadellen formen. Rapsöl in einer Pfanne erhitzen und Frikadellen darin bei mittlerer Hitze 3–4 Minuten auf jeder Seite anbraten.

Für die Chilimayonnaise Chilischote halbieren, die Kerne entfernen. Koriandergrün grob hacken. Restliches Ei, ½ TL Salz, Limettensaft, Zucker, Sonnenblumenöl, Koriandergrün und Chilischote in ein hohes Gefäß geben. Mit dem Stabmixer pürieren, bis eine dicke Creme entsteht. Dabei den Stab zuerst auf eine Stelle halten, bis die Zutaten anfangen, sich zu verbinden, dann langsam auf und ab bewegen.

Zwiebel schälen. Gurke und Zwiebel in dünne Scheiben schneiden. Brötchen aufschneiden. Auf die unteren Hälften je 1 Blatt Kopfsalat legen. Chilimayonnaise, Frikadellen, Zwiebel- und Gurkenscheiben auf das Salatblatt türmen. Alles mit Teriyaki-Sauce beträufeln und die oberen Brötchenhälften darauflegen. Sofort servieren.

15 Minuten

2 Personen
- 1 Schalotte
- 300 g Rinderhackfleisch
- 1 EL Ketchup
- 5 EL Semmelbrösel
- 2 Eier
- Salz, Pfeffer
- 2 EL Rapsöl
- 1 rote Chilischote
- ½ Bund Koriandergrün
- 1 EL Limettensaft
- 1 Prise Zucker
- 120 ml Sonnenblumenöl
- 1 Zwiebel
- 50 g Bio-Salatgurke
- 2 Hamburger-Brötchen
- 2 Blätter Kopfsalat
- 4 EL Teriyaki-Sauce (siehe Seite 185)

> Wer wie ich auf Teriyaki-Sauce steht, kann auch die Frikadellen mit Teriyaki-Sauce ablöschen. Für alle Vegetarier: Das Ganze schmeckt natürlich auch mit einer dicken Scheibe geräuchertem Tofu!

Rumpsteak mit Bohnenpüree

15 Minuten

Bohnen in ein Sieb schütten und abtropfen lassen. Zwiebel und Knoblauch schälen, in Würfel schneiden. 2 EL Öl in einem Topf erhitzen. Zwiebel und Knoblauch darin glasig dünsten. Bohnen dazugeben und 6–8 Minuten bei milder Hitze dünsten.

Steak mit Salz und Pfeffer würzen. Restliches Öl (2 EL) in einer Pfanne erhitzen und das Fleisch darin bei starker Hitze 2–3 Minuten auf jeder Seite anbraten. Kurz vor Ende der Garzeit Butter und Rosmarin dazugeben. Steak aus der Pfanne nehmen und ruhen lassen.

Crème fraîche zu den Bohnen geben und alles mit dem Stabmixer fein pürieren. Mit Salz, Pfeffer und Zitronensaft abschmecken.

Das Steak in dünne Scheiben schneiden, auf Teller legen und das Bohnenmus dazu anrichten. Mit etwas Rosmarinbutter aus der Pfanne beträufeln und sofort servieren.

2 Personen

- 250 g Cannellini-Bohnen (Dose)
- 1 Zwiebel
- 1 Knoblauchzehe
- 4 EL Olivenöl
- 400 g Rumpsteak am Stück
- Salz, Pfeffer
- 1 EL Butter
- 1 Zweig Rosmarin
- 2 EL Crème fraîche
- 1–2 EL Zitronensaft

Man kann die Bohnen auch einfach mit einer Gabel zerdrücken. Wenn ihr das Fleisch vor dem Würzen plattiert, geht das Anbraten schneller. Frisches gehacktes Bohnenkraut würde auch gut zum Gericht passen.

Rinderfilet mit Spargel und Kartoffeln

15 Minuten

Kartoffeln gründlich abbürsten und mit Schale in dünne Scheiben schneiden. 4 EL Olivenöl in einer beschichteten Pfanne erhitzen und die Kartoffeln darin 5 Minuten dünsten.

Spargel schälen, die holzigen Enden entfernen und schräg in etwa 1,5 cm dicke Scheiben schneiden. Bacon fein würfeln. Zwiebel schälen, halbieren und in Streifen schneiden. Spargel, Bacon und Zwiebel zu den Kartoffeln geben und mitdünsten.

Restliches Öl (2 EL) in einer zweiten Pfanne erhitzen. Filetscheiben mit Salz und Pfeffer würzen, in die Pfanne geben und 1 Minute auf jeder Seite bei starker Hitze braten. Pfanne vom Herd nehmen. Das Fleisch noch 1 Minute in der Pfanne lassen.

Crème fraîche unter das Gemüse rühren, alles mit Salz und Pfeffer abschmecken. Gemüse auf Teller verteilen. Die Steaks auf das Gemüse legen und mit Zitronensaft beträufeln. Sofort servieren.

2 Personen

- 300 g kleine neue Kartoffeln (z. B. Bamberger Hörnchen)
- 6 EL Olivenöl
- 4 Stangen weißer Spargel
- 3 Scheiben Bacon
- 1 Zwiebel
- 6 dünne Scheiben Rinderfilet (à 60 g)
- Salz, Pfeffer
- 2 EL Crème fraîche
- ½ Zitrone

> Einer meiner Favoriten! Funktioniert natürlich auch super mit grünem Spargel. Den braucht man nicht mal schälen. So geht's noch schneller.

Paniertes Schweinefilet auf Schmorgurken

Schmorgurken schälen, längs vierteln, die Kerne herausschneiden. In 1 cm breite Stücke schneiden. Zwiebeln und Knoblauch schälen, fein würfeln. Dill abzupfen, fein hacken. 2 EL Butterschmalz in einem Topf erhitzen, Zwiebeln und Knoblauch darin glasig dünsten. Gurken dazugeben und 2 Minuten unter Rühren dünsten. Salzen und pfeffern. Weißwein, Geflügelfond und Crème fraîche dazugeben. Aufkochen und 3 Minuten köcheln lassen. Tomaten in Würfel schneiden, dabei Kerne und Stielansatz entfernen. Zu den Gurken geben. Bei mittlerer Hitze 5–7 Minuten köcheln lassen und vom Herd nehmen. Mit Dill, Salz, Pfeffer und Zucker abschmecken.

Schweinefilet in 1 cm dicke Scheiben schneiden. Scheiben zwischen zwei Lagen Klarsichtfolie platt klopfen, salzen und pfeffern. Polentagrieß auf einen Teller geben. Fleisch mit einer Seite in den Grieß drücken. 3 EL Butterschmalz in einer Pfanne erhitzen. Schnitzel 2 Minuten auf der panierten Seite anbraten, wenden und weitere 2 Minuten braten. Herausnehmen, auf Küchenpapier abtropfen lassen und mit dem Gurkengemüse servieren.

15 Minuten

2–4 Personen

- 600 g Schmorgurken
- 150 g Zwiebel
- 1 Knoblauchzehe
- 1 Bund Dill
- 5 EL Butterschmalz
- Salz, Pfeffer
- 50 ml Weißwein
- 250 ml Geflügelfond
- 3 EL Crème fraîche
- 100 g Tomaten
- 1 Prise Zucker
- 250 g Schweinefilet
- 50 g Polentagrieß

Für mehr Dillgeschmack die Stängel mit den Gurken dünsten.

Hähnchenpfanne mit Sherrysahne

Hähnchenbrust in etwa 2 cm große Würfel schneiden. Maiskörner mit dem Messer vom Kolben schneiden. Möhren schälen und in dünne Scheiben schneiden.

Öl in einer Pfanne erhitzen. Fleisch und Möhren hineingeben, salzen, pfeffern und 2–3 Minuten von allen Seiten bei großer Hitze anbraten.

Zwiebel schälen, halbieren und in Streifen schneiden. Mit dem Mais in die Pfanne geben und alles noch einmal 2–3 Minuten braten.

Sherry und Sahne in die Pfanne geben. Alles sämig einkochen lassen. Schnittlauch in Röllchen schneiden. Gericht mit Schnittlauchröllchen, Chili- und Kokosflocken bestreuen und servieren.

15 Minuten

<u>2 Personen</u>
- 400 g Hähnchenbrust, ohne Haut und Knochen
- 1 vorgegarter Maiskolben
- 2 Möhren
- 3 EL Olivenöl
- Salz, Pfeffer
- 1 kleine Zwiebel
- 3 EL trockener Sherry
- 100 g Sahne
- ½ Bund Schnittlauch
- Chiliflocken
- 2 EL Kokosflocken

Am Vortag selbst gekochte Maiskolben schmecken natürlich besser als gekaufte. Schöne Variante: Möhren mit dem Sparschäler in dünne Streifen schälen und garen. Wer gern frische Kräuter mag: Glatte Petersilie passt gut dazu.

Tofu-Tataki

<u>2–4 Personen:</u> 1 EL Zucker · 6 EL Sojasauce · 3 EL trockener Sherry · 3 TL dunkles Sesamöl · 400 g Tofu am Stück · 2 rote frische Chilischoten · 150 g grüne Paprika · ½ Bund Koriandergrün · 2 Frühlingszwiebeln · 4 EL geröstete Erdnusskerne · 2 EL Sonnenblumenöl · 50 ml Limettensaft · Salz, Pfeffer · 1 EL Butter

Zucker, 3 EL Sojasauce, Sherry und 2 TL Sesamöl verrühren. Tofu abtropfen lassen, längs halbieren. Marinade und Tofu in einen Gefrierbeutel geben, verschließen. 10 Minuten marinieren. Inzwischen Chilis längs halbieren, entkernen und fein hacken. Paprika vierteln, entkernen und fein hacken. Koriander grob hacken. Frühlingszwiebeln fein hacken. Erdnusskerne grob hacken.

Frühlingszwiebeln, Chili und Paprika in 1 EL Sonnenblumenöl 2 Minuten andünsten. Mit Limettensaft und restlicher Sojasauce (3 EL) ablöschen und dem restlichen Sesamöl (1 TL), Salz, Pfeffer und 1 Prise Zucker würzen.

Tofu aus dem Gefrierbeutel nehmen und abtropfen lassen. Marinade aufbewahren. Restliches Sonnenblumenöl (1 EL) und Butter in einer beschichteten Pfanne erhitzen. Tofu bei starker Hitze 5–6 Minuten ringsherum anbraten. Aus der Pfanne nehmen. Marinade in die Pfanne gießen und kurz aufkochen. Vom Herd nehmen. Tofu in Scheiben schneiden und auf einer Platte anrichten. Sauce und Tapenade auf dem Tofu verteilen. Mit den Erdnusskernen servieren.

Rindfleisch-Tataki

<u>2–4 Personen:</u> 2 Zweige Thymian · 1 Handvoll Petersilienblätter · ½ Bund Schnittlauch · 350 g Rumpsteak oder Entrecote am Stück · Salz, Zucker · 2 EL Sonnenblumenöl · 100 g Rettich · 50 ml Sojasauce · 2–3 EL Zitronensaft · 2 EL Mirin · 1–2 TL scharfe Chilisauce (z. B. Sriracha)

Thymian- und Petersilienblättchen fein hacken. Schnittlauch in feine Röllchen schneiden. Kräuter auf einem Teller vermischen. Fettrand vom Fleisch abschneiden. Fleisch von allen Seiten mit Salz und 1 Prise Zucker würzen. Öl in einer Pfanne sehr stark erhitzen. Fleisch von allen Seiten 5 Minuten scharf anbraten. Aus der Pfanne nehmen, in den Kräutern wälzen und diese leicht andrücken. Fleisch 2–3 Minuten ruhen lassen.

Rettich schälen und fein reiben. Sojasauce, Zitronensaft, Mirin und 2 EL Wasser in einer Schüssel verrühren. Fleisch in dünne Scheiben schneiden, auf eine Platte legen, mit dem Dressing und der Chilisauce beträufeln. Mit dem Rettich servieren.

Lachs-Tataki

<u>2–4 Personen:</u> 300 g Lachsfilet, ohne Haut und Gräten · 1 EL flüssiger Honig · 2 EL Sojasauce · ½ TL Sichuanpfefferkörner · ½ TL schwarze Pfefferkörner · ½ TL weiße Pfefferkörner · 100 g Kirschtomaten · ½ rote Zwiebel · 1 Handvoll Petersilienblätter · 2 EL Weißweinessig · 6 EL Olivenöl · Salz, Pfeffer

Lachsfilet längs halbieren. Honig und Sojasauce verquirlen, Lachs 10 Minuten darin marinieren. Pfefferkörner zerstoßen, Lachsstücke darin wenden. Pfeffer leicht andrücken. Tomaten vierteln, Zwiebel fein würfeln, Petersilienblätter fein hacken, alles mit Essig und 4 EL Olivenöl vermischen. Salzen und pfeffern.

Restliches Öl (2 EL) in einer beschichteten Pfanne erhitzen. Lachs auf jeder Seite 30 Sekunden scharf anbraten. Herausnehmen und in Scheiben schneiden. Scheiben auf Teller anrichten, den Tomatensalat dazugeben und sofort servieren.

Thunfisch-Tataki

<u>2–4 Personen:</u> 2 cm Ingwerwurzel · 4 EL helle Sesamsamen · 2 EL dunkle Sesamsamen · 350 g Thunfischfilet · Salz · 1 EL Sonnenblumenöl · 75 ml Orangensaft · 1 EL flüssiger Honig · 3 EL Sojasauce

Ingwer schälen und fein hacken. Mit dem Sesam vermischen und auf einen Teller geben. Thunfischfilet salzen, in der Sesammischung wälzen. Sesam etwas andrücken. Öl in einer beschichteten Pfanne stark erhitzen. Thunfisch darin 30 Sekunden auf jeder Seite scharf anbraten. Aus der Pfanne nehmen.

Orangensaft, Honig und Sojasauce in die Pfanne geben, unter Rühren etwas einkochen. Sauce auf einer Platte verteilen. Thunfisch in Scheiben schneiden und auf der Sauce anrichten.

4 × Tataki in 15 Minuten

Tofu-Tataki

Rindfleisch-Tataki

Lachs-Tataki

Thunfisch-Tataki

Currygarnelen mit Feldsalat

Zitronengras mit dem Messerrücken flach klopfen und in Stücke schneiden. Feldsalat sorgfältig waschen und trocken schleudern.

Apfel und Ingwer schälen, auf der Küchenreibe fein in eine Schüssel raspeln. Mit 5 EL Zitronensaft, Salz und Pfeffer würzen.

Garnelen längs bis zur Schwanzflosse aufschneiden, aber nicht durchschneiden, aufklappen und mit Salz und Pfeffer würzen.

Olivenöl in einer Pfanne erhitzen. Garnelen darin 4–5 Minuten auf der Schalenseite braten.

Dann mit dem restlichen Zitronensaft (1 EL) beträufeln und wenden. Zitronengras, Butter, Chilischoten und Currypulver dazugeben und noch 1 Minute garen. Vom Herd nehmen.

Feldsalat mit dem Apfeldressing vermischen und auf Teller verteilen. Garnelen auf dem Salat anrichten, mit etwas Zitronengrasbutter beträufeln und sofort servieren.

15 Minuten

2 Personen
- 2 Stängel Zitronengras
- 100 g Feldsalat
- 1 Apfel
- 3 cm Ingwerwurzel
- 6 EL Zitronensaft
- Salz, Pfeffer
- 8 Garnelen mit Schale, ohne Kopf
- 4 EL Olivenöl
- 2 EL Butter
- 2 getrocknete Chilischoten
- 1 TL Currypulver

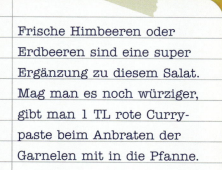

Frische Himbeeren oder Erdbeeren sind eine super Ergänzung zu diesem Salat. Mag man es noch würziger, gibt man 1 TL rote Currypaste beim Anbraten der Garnelen mit in die Pfanne.

Kabeljaufilet mit grünem Spargel

15 Minuten

2–4 Personen

- 6 Stangen grüner Spargel
- 100 g Kirschtomaten
- 1 Handvoll Kerbelblätter
- 2 EL Mehl
- 2 Kabeljaufilets (à 140 g), mit Haut
- Salz, Pfeffer
- 4 EL Olivenöl
- 2 EL Butter
- 3 EL Wermut
- 2 EL Crème fraîche
- 1 TL abgeriebene Limettenschale

Vom Spargel die holzigen Enden entfernen und schräg in dünne Scheiben schneiden. Kirschtomaten halbieren. Kerbelblätter grob hacken.

Mehl auf einen flachen Teller geben. Fischfilets mit Salz und Pfeffer würzen und im Mehl wenden. Überschüssiges Mehl abklopfen.

2 EL Öl in einer beschichteten Pfanne erhitzen. Kabeljau darin 5–6 Minuten auf der Hautseite bei mittlerer Hitze anbraten und dann wenden.

Butter dazugeben und den Fisch nur noch 1 Minute garen. Dabei die Butter über den Fisch löffeln.

Restliches Öl (2 EL) in einer zweiten Pfanne erhitzen und den Spargel darin anbraten. Tomaten zum Spargel geben. Mit Wermut ablöschen und die Crème fraîche unterrühren.

Limettenschale und Kerbel untermischen. Mit Salz und Pfeffer abschmecken. Gemüse auf Tellern verteilen und den Fisch darauflegen. Sofort servieren.

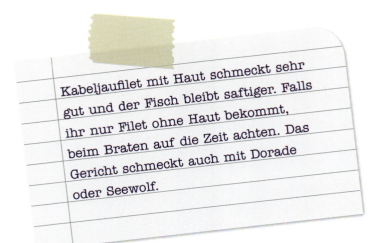

Kabeljaufilet mit Haut schmeckt sehr gut und der Fisch bleibt saftiger. Falls ihr nur Filet ohne Haut bekommt, beim Braten auf die Zeit achten. Das Gericht schmeckt auch mit Dorade oder Seewolf.

Auberginengratin mit Austernpilzen

15 Minuten

Backofengrill vorheizen. Aubergine längs vierteln und in Scheiben schneiden. Austernpilze in mundgerechte Stücke schneiden.

Olivenöl in einer großen Pfanne erhitzen. Auberginenscheiben und Austernpilze darin von allen Seiten 5–6 Minuten anbraten.

Schnittlauch in Röllchen schneiden. Thymianblätter abzupfen. Thymian- und Petersilienblätter grob hacken. Kräuter in die Pfanne geben und unterheben. Alles mit Salz und Pfeffer würzen.

Auberginen und Pilze vom Herd nehmen und in eine Auflaufform geben. Feta zerbröseln und auf dem Gemüse verteilen. Auf der obersten Schiene unter dem heißen Backofengrill überbacken. Herausnehmen, mit Zitronensaft beträufeln und sofort servieren.

<u>2–4 Personen</u>
- 400 g Aubergine
- 60 g Austernpilze
- 5 EL Olivenöl
- ½ Bund Schnittlauch
- 2 Zweige Thymian
- 1 Handvoll Petersilienblätter
- Salz, Pfeffer
- 100 g Feta
- 1–2 EL Zitronensaft

> Wer das Gemüse gern knusprig mag, einfach beim Braten mit Panko-Bröseln oder Semmelbröseln bestreuen und goldbraun braten.

Maisfritters

2–4 Personen: 285 g Mais (1 Dose) • ½ Bund Koriandergrün • 150 g Mehl • 1 TL Backpulver • 1 TL Salz • 1 Prise Zucker • 175 ml Milch • 1 Ei • 1 EL zerlassene Butter • Pfeffer • 80 g Frischkäse • 1 rote Chilischote • 2–3 EL Zitronensaft • 500 ml Rapsöl zum Frittieren

Mais im Sieb abtropfen lassen. Koriander mit den zarten Stängeln grob hacken. Mehl, Backpulver, Salz und Zucker in einer Schüssel mischen. 125 ml Milch, Ei und Butter dazugeben. Alles zu einem glatten Teig verrühren. Mais und Koriander untermischen und kräftig mit Pfeffer würzen.

Für den Dip die restliche Milch (50 ml) und Frischkäse in einer Schüssel verrühren. Chili fein hacken und untermischen. Mit Zitronensaft abschmecken. Frittieröl in einem Topf erhitzen. Pro Fritter 1 EL Maismischung ins heiße Öl geben und in 2 Minuten goldgelb ausbacken. Auf Küchenpapier abtropfen lassen und mit dem Dip servieren.

15 Minuten

> Eignet sich super als Snack zum Lesen oder Fernsehgucken. Gibt ja einige, die Koriander nicht mögen – einfach gegen glatte Petersilie oder Kerbel austauschen. 1 Prise Paprikapulver in der Maismasse kommt auch gut.

Lauwarmes Lachsforellentatar

Shiitakepilze würfeln. Chilischote halbieren, entkernen und hacken. Zwiebel schälen und fein hacken. Schnittlauch in feine Röllchen schneiden.

2 EL Öl in einer Pfanne erhitzen. Pilze, Chili und Zwiebel darin 3–4 Minuten dünsten.

Lachsforellenfilet in feine Würfel schneiden, in eine Schüssel geben und mit Salz und Pfeffer würzen. Pilzmischung und Schnittlauch dazugeben und untermengen.

Mit Salz, Pfeffer und Limettensaft abschmecken. Auf Tellern verteilen, mit dem restlichen Öl (1 EL) beträufeln und sofort servieren.

15 Minuten

2 Personen
6 Shiitakepilze
1 rote Chilischote
1 Zwiebel
½ Bund Schnittlauch
3 EL Olivenöl
200 g Lachsforellenfilet, ohne Haut und Gräten
Salz, Pfeffer
1–2 EL Limettensaft

> Falls ihr keine Lachsforelle bekommt, könnt ihr auch Regenbogenforelle nehmen. Wichtig ist, das Ganze sofort zu servieren, damit es warm ist. Ein bisschen Limettenschale beim Abschmecken kommt auch gut.

15 Minuten

2 Personen
- 250 g Mozzarella
- 2 Eier
- Salz, Pfeffer
- 50 g Mehl
- 100 g Semmelbrösel
- 500 ml Rapsöl zum Frittieren
- 200 g Honigmelone
- 1 rote Zwiebel
- 1 rote Chilischote
- 1 Handvoll Basilikumblätter
- 2 EL Olivenöl
- 1–2 EL Zitronensaft

Gebackener Mozzarella mit Melonensalsa

Mozzarella in einem Sieb abtropfen lassen und mit Küchenpapier trocken tupfen. In dicke Scheiben schneiden.

Eier in einer Schale verquirlen, mit Salz und Pfeffer würzen. Mehl und Semmelbrösel jeweils auf einen flachen Teller geben.

Mozzarellascheiben im Mehl wenden, dann durch das Ei ziehen und mit den Semmelbröseln panieren. Dann ein zweites Mal durch das Ei ziehen und noch einmal in den Semmelbröseln wenden.

Rapsöl in einem Topf erhitzen und die Mozzarellascheiben nacheinander darin 45–60 Sekunden frittieren. Auf Küchenpapier abtropfen lassen.

Für die Salsa Honigmelone schälen, mit einem Löffel die Kerne entfernen und klein würfeln. Zwiebel schälen und fein hacken. Chili längs halbieren, entkernen und grob hacken. Basilikumblätter fein schneiden.

Salsazutaten in einer Schüssel mit Olivenöl und Zitronensaft vermischen und mit Salz und Pfeffer abschmecken. Die Mozzarellascheiben mit der Salsa servieren.

Pan con tomate

Tomatenbrot mit Hähnchenbrust

Pan con tomate

<u>2 Personen:</u> 1 kleines Baguette (250 g) • 1–2 Knoblauchzehen • 2–3 reife Tomaten • 4–6 EL Olivenöl • Salz, Pfeffer

Backofen auf 220 °C Ober-/Unterhitze vorheizen. Baguette erst waagerecht, dann quer halbieren und goldbraun toasten oder im Backofen auf der mittleren Schiene 3–5 Minuten rösten.

Knoblauchzehen schälen und halbieren. Tomaten quer halbieren. Schnittflächen des heißen Baguettes erst mit dem Knoblauch, dann mit den Tomaten einreiben. Mit Olivenöl beträufeln und mit Salz und Pfeffer würzen.

Tomatenbrot mit Hähnchenbrust

<u>2 Personen:</u> 2 Hähnchenbrüste (à 150 g), ohne Haut und Knochen • Salz, Pfeffer • 3 EL Sonnenblumenöl • 80 g Zuckerschoten • 2 EL Sojasauce • 1 kleines Baguette (250 g) • 1 Knoblauchzehe • 2 reife Tomaten • 4 EL süße Chilisauce

Backofen auf 220 °C Ober-/Unterhitze vorheizen. Hähnchenbrüste von allen Seiten mit Salz und Pfeffer einreiben. 2 EL Öl in der Pfanne erhitzen. Das Fleisch darin bei mittlerer Hitze auf jeder Seite 6 Minuten braten.

Das restliche Öl (1 EL) in einem Topf erhitzen und die Zuckerschoten darin 1–2 Minuten dünsten. Mit Sojasauce ablöschen und beiseitestellen.

Baguette erst waagerecht, dann quer halbieren. Die Scheiben goldbraun toasten oder im Backofen auf der mittleren Schiene 3–5 Minuten rösten.

Die gegarte Hähnchenbrust in dünne Scheiben schneiden. Knoblauchzehe und Tomaten quer halbieren. Baguette auf den Schnittflächen erst mit Knoblauch, dann mit den Tomaten einreiben. Die unteren Baguettehälften mit Fleisch und Zuckerschoten belegen und mit süßer Chilisauce beträufeln. Die oberen Baguettehälften darüberklappen und sofort servieren.

4× Tomatenbrot in 15 Minuten

Tomatenbrot mit Steak

Tomatenbrot mit Käse

Tomatenbrot mit Steak

<u>2 Personen:</u> 300 g Rumpsteak • Salz, Pfeffer • 4 EL Olivenöl • 2 Zweige Rosmarin • 1 EL Butter • 1 kleines Baguette (250 g) • 1 Römersalatherz • 1–2 Knoblauchzehen • 2–3 reife Tomaten • 40 g Parmesan, gerieben

Rumpsteak mit Salz und Pfeffer einreiben. 2 EL Olivenöl in einer Pfanne erhitzen, das Fleisch 3–4 Minuten auf jeder Seite anbraten. Nach der Hälfte der Garzeit Rosmarin und Butter zugeben. Aus der Pfanne nehmen. Baguette durchschneiden und halbieren. Die Scheiben goldbraun toasten oder im Backofen 3–5 Minuten rösten.

Rumpsteak in dünne Scheiben schneiden. Römersalat klein schneiden. Knoblauchzehen und Tomaten quer halbieren. Baguette auf den Schnittflächen erst mit Knoblauch, dann mit den Tomaten einreiben. Mit dem restlichen Olivenöl (2 EL) beträufeln, salzen und pfeffern. Untere Baguettehälften mit Salat, Fleisch und Parmesan belegen. Obere Baguettehälften darüberklappen und servieren.

Tomatenbrot mit Käse

<u>2 Personen:</u> 3 Feigen • 3 Ziegenkäsetaler (z. B. Picandou) • 1 Stange Staudensellerie mit Grün • 2 Zweige Thymian • 1 kleines Baguette (250 g) • 2 reife Tomaten • 4 EL Olivenöl • Salz, Pfeffer • 2–3 EL Balsamico-Essig

Backofen auf 220 °C Ober-/Unterhitze vorheizen. Feigen in dünne Scheiben schneiden. Ziegenkäse in Stücke zupfen. Sellerie schräg in dünne Scheiben schneiden. Selleriegrün in feine Streifen schneiden. Thymianblättchen abzupfen. Baguette durchschneiden und halbieren. Die Scheiben goldbraun toasten oder im Backofen 3–5 Minuten rösten.

Tomaten quer halbieren. Baguettescheiben mit den Tomaten einreiben. Mit Olivenöl beträufeln, salzen und pfeffern. Untere Baguettehälften mit Feigen, Staudensellerie und Ziegenkäse belegen. Mit Selleriegrün und Thymian bestreuen, mit Balsamico-Essig beträufeln. Die oberen Brothälften darüberklappen und servieren.

Kürbiscurry

15 Minuten

Kürbis halbieren und mit einem Löffel entkernen. Mit der Schale in 2 cm große Würfel schneiden. Zwiebeln schälen und fein würfeln. Ingwer schälen und fein reiben. Chili längs halbieren, entkernen und fein hacken.

Öl in einem Topf erhitzen. Kürbiswürfel darin unter Rühren anbraten. Zwiebeln dazugeben und weich dünsten.

Geriebenen Ingwer, gehackten Chili und Currypaste dazugeben und kurz mitbraten. Mit Kokosmilch und Gemüsefond auffüllen, umrühren und etwa 10 Minuten köcheln lassen.

Inzwischen Koriander mit den zarten Stängeln grob hacken. Frühlingszwiebeln in dünne Scheiben schneiden.

Das fertige Kürbiscurry mit Salz, Pfeffer, 1 Prise Zucker und Limettensaft abschmecken. Auf Teller verteilen und mit Koriander, Frühlingszwiebeln und Kokosflocken bestreuen. Sofort servieren.

2 Personen
- 650 g Hokkaido-Kürbis
- 2 Zwiebeln
- 3 cm Ingwerwurzel
- 1 rote Chilischote
- 3 EL Sonnenblumenöl
- 1 EL grüne Currypaste
- 250 ml Kokosmilch
- 200 ml Gemüsefond (siehe Seite 185)
- ½ Bund Koriandergrün
- 2 Frühlingszwiebeln
- Salz, Pfeffer, Zucker
- 1 EL Limettensaft
- 3 EL geröstete Kokosflocken

Das Schöne am Hokkaido-Kürbis: Man braucht ihn nicht zu schälen. Wieder Zeit gespart. Tipp: Die Limette, die dann aber unbedingt Bio-Qualität haben muss, heiß abwaschen und schälen. Die Schale mit dem Kürbis kochen und vor dem Abschmecken herausfischen. Limette und Kokos passt supergut zusammen.

15 Minuten

Salat aus Roter Bete und Apfel

2 Personen
250 g vorgegarte Rote Bete (Vakuumpack)
80 g Blauschimmelkäse
40 g Walnusskerne
1 Apfel
1 EL Zitronensaft
½ Bund Schnittlauch
3 EL Apfelessig
Salz, Pfeffer, Zucker
5 EL Olivenöl

Backofen auf 160 °C Ober-/Unterhitze (Umluft 140 °C) vorheizen. Rote Bete in dünne Scheiben schneiden. Käse mit einer Gabel zerdrücken. Walnusskerne grob hacken. Apfel vierteln, dabei das Kerngehäuse entfernen und längs in dünne Scheiben schneiden. Mit dem Zitronensaft beträufeln.

Rote-Bete- und Apfelscheiben auf zwei Tellern dachziegelartig anrichten. Mit dem Käse und den Walnusskernen bestreuen und im Backofen auf mittlerer Schiene 5 Minuten erwärmen.

Inzwischen für die Vinaigrette Schnittlauch in feine Röllchen schneiden. Essig mit Salz, Pfeffer, 1 Prise Zucker und Olivenöl verquirlen. Schnittlauch unterrühren. Teller aus dem Ofen nehmen und die Vinaigrette auf dem Salat verteilen. Sofort servieren.

Geheimtipp von meinem Sushilehrer: Rohen Thunfisch in Würfel schneiden und dazugeben. Blauschimmelkäse und Thunfisch passen nämlich sehr gut zusammen.

Gegrilltes Kalbsrückensteak mit Kräuterbutter

15 Minuten

<u>2 Personen:</u> ½ Bund Schnittlauch • 2 Stängel Petersilie • 2 Stängel Dill • 4 Stängel Kerbel • 80 g weiche Butter • Salz, Pfeffer • 2 EL Naturjoghurt • 1 TL Koriandersamen • ½ TL schwarze Pfefferkörner • Zucker • 1½ EL Currypulver • 2 Kalbsrückensteaks (à 250 g) • 2 EL Olivenöl

Schnittlauch in feine Röllchen schneiden. Petersilienblätter und Dillspitzen abzupfen und fein hacken. Kerbel mit den zarten Stängeln fein hacken.

Butter in einer Schale mit den Rührstäben des Handrührgeräts cremig aufschlagen. Mit Salz und Pfeffer würzen. Kräuter und Joghurt zur Butter geben und untermischen. Auf ein Stück Klarsichtfolie legen und zu einer Rolle formen. 10 Minuten ins Tiefkühlfach legen.

Koriandersamen, Pfefferkörner, ½ TL Salz und 1 Prise Zucker im Mörser fein zerreiben. Curry untermischen. Steaks mit der Gewürzmischung von allen Seiten einreiben. Öl in einer (Grill-)Pfanne erhitzen und Steaks auf jeder Seite 3–4 Minuten grillen.

Das fertige Fleisch vor dem Servieren kurz ruhen lassen, dann in Scheiben schneiden. Kräuterbutter ebenfalls in Scheiben schneiden und zu den Steaks reichen.

> Ihr könnt das Kalb natürlich auch in einer normalen Pfanne braten. Dazu passt ein einfacher Gurkensalat mit Essig-Öl-Dressing.

Volle Kräuterbombe!

Karamellisierte Vanillesuppe

15 Minuten

1 EL Butter, Zucker und 50 ml Wasser in einen Topf geben, aufkochen und goldgelb einkochen lassen. Mit Sahne und Milch ablöschen und bei milder Hitze 10 Minuten kochen.

Vanilleschote längs aufschneiden und in die Suppe legen. Speisestärke mit wenig kaltem Wasser anrühren und unter ständigem Rühren zur Suppe geben. Noch einmal aufkochen. Vom Herd nehmen.

Bananen schälen und jeweils in 8 Scheiben schneiden. Bananenstücke auf vier Holzspieße stecken. Restliche Butter (2 EL) in einer beschichteten Pfanne erhitzen und die Spieße darin 3–4 Minuten von allen Seiten braten.

Pistazien grob hacken. Die Vanilleschote aus der Suppe entfernen und die Suppe auf tiefe Teller verteilen. Mit Pistazien bestreuen und mit den Bananenspießen servieren.

<u>2–4 Personen</u>
- 3 EL Butter
- 50 g Zucker
- 200 g Sahne
- 400 ml Milch
- 1 Vanilleschote
- 1 EL Speisestärke
- 2 kleine Bananen
- 2 EL Pistazienkerne

Für den Extrakick 1 Prise Zimt zur Banane in die Pfanne geben. Grob gehackte Minzeblätter verleihen diesem Rezept ebenfalls eine besondere Note.

Himbeerquarktorte

15 Minuten

Vanilleschote längs aufschneiden und das Mark herauskratzen. Quark, Puderzucker, Vanillemark und Limettenschale in einer Schüssel mit den Rührstäben des Handrührgeräts glatt rühren. Masse 5 Minuten ins Eisfach stellen.

Inzwischen die Sahne mit dem Sahnesteif steif schlagen. Sahne vorsichtig unter die Quarkmasse heben.

Die Unterhälfte des Tortenbodens auf eine Kuchenplatte geben und mit dem Orangenlikör beträufeln. Mit einem Drittel der Quarkmasse bestreichen und mit einem Drittel der Himbeeren belegen.

Den mittleren Tortenboden auflegen, leicht andrücken und mit Espresso beträufeln. Wieder mit einem Drittel der Quarkmasse und der Himbeeren belegen.

Den letzten Tortenboden auflegen, leicht andrücken und mit der restlichen Quarkmasse bestreichen. Die restlichen Himbeeren dekorativ auf dem Quark verteilen. Bis zum Servieren kühlen.

8 Stücke
- 1 Vanilleschote
- 600 g Magerquark
- 80 g Puderzucker
- 1 EL abgeriebene Limettenschale
- 300 g Sahne
- 2 Päckchen Sahnesteif
- 1 Wiener Boden (500 g; vorgeschnitten)
- 40 ml Orangenlikör (z.B. Grand Marnier)
- 400 g Himbeeren
- 50 ml kalter Espresso

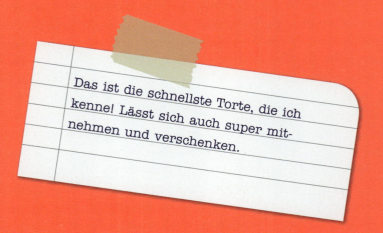

Das ist die schnellste Torte, die ich kenne! Lässt sich auch super mitnehmen und verschenken.

Gefrorene Beeren mit weißer Schokoladensauce

4 Personen: 1 Vanilleschote • 200 g weiße Schokolade • 100 g Crème fraîche • 8 Löffelbiskuits • 4 EL Kaffeelikör • 500 g gemischte, tiefgekühlte Beeren (Erdbeeren, Brombeeren, Himbeeren, Blaubeeren) • 4 Minzeblätter

Vanilleschote längs aufschneiden und das Mark herauskratzen. Schokolade hacken. Mit Vanillemark und Crème fraîche in eine Metallschüssel geben.

Über einen Topf mit heißem (nicht kochendem!) Wasser setzen (Wasserbad). Rühren, bis die Schokolade geschmolzen ist. Vom Wasserbad nehmen und etwas abkühlen lassen.

Je 2 Löffelbiskuits auf einen Teller legen und mit Kaffeelikör beträufeln. Die gefrorenen Beeren darüber verteilen und 2 Minuten antauen lassen. Mit der warmen Schokoladensauce beträufeln, mit Minze dekorieren und sofort servieren.

15 Minuten

Rhabarbergratin mit Marshmallows

2 Personen
- 2 EL Puderzucker
- ½ TL gemahlener Zimt
- 350 g Rhabarber
- 1 EL Butter
- 10 Marshmallows

Backofen auf 220 °C Ober-/Unterhitze vorheizen. Puderzucker mit Zimt vermischen. Rhabarber in 3 cm lange Stücke schneiden.

Butter in einer Pfanne erhitzen. Rhabarber darin 3–4 Minuten andünsten. Zuckermischung zugeben und alles gut verrühren.

Rhabarber in eine Auflaufform (20 × 20 cm) geben. Marshmallows auf dem Rhabarber verteilen. Auf mittlerer Schiene im Ofen in 8 Minuten goldgelb überbacken. Sofort servieren.

Dieses Rezept habe ich für meine Tour »Meerjungfrauen kocht man nicht« entwickelt. Hört sich ziemlich ungewöhnlich an, ist aber ein echtes Geschmackserlebnis. Aber aufgepasst beim Essen: Die Marshmallows sind sehr heiß!

Frühlingsrollen mit Banane

Bananen schälen und erst längs und dann quer halbieren. Eigelb mit 1 EL kaltem Wasser verrühren. Pro Rolle 1 Teigblatt parallel zur Kante der Arbeitsfläche auslegen. Ränder mit Eigelb bestreichen.

1 EL Nutella in einer langen Bahn parallel zur unteren Kante auf das Teigblatt geben. Darauf 1 Stück Banane legen. Ränder rechts und links über die Füllung klappen.

Von der unteren Kante her sorgfältig aufrollen. Ränder leicht andrücken, sodass sie festkleben. Auf diese Weise 8 Frühlingsrollen herstellen.

Öl in einem Topf erhitzen. Die Frühlingsrollen darin in zwei Portionen in 4–5 Minuten ausbacken. Auf Küchenpapier abtropfen lassen.

Je 2 Frühlingsrollen mit 1 Kugel Vanilleeis auf einem Dessertteller anrichten und sofort servieren.

15 Minuten

<u>4 Personen</u>
2 große Bananen
1 Eigelb
8 Blätter Frühlingsrollenteig
8 EL Nutella
500 ml Rapsöl zum Frittieren
4 Kugeln Vanilleeis

> Rapsöl eignet sich zum Frittieren am besten. Wenn ihr es nicht zu sehr erhitzt, könnt ihr es sogar mehrfach verwenden.

20-Minuten-Rezepte

Chinesische Nudel-suppe

20 Minuten

4 Personen: 80 g Shiitakepilze • 2 Knoblauchzehen • 3 cm Ingwerwurzel • 1 rote Chilischote • 4 Frühlingszwiebeln • 1 Limette • 1 l Geflügelfond • 1–2 TL Zucker • 5 EL Sojasauce • 120 g chinesische Eiernudeln • Salz, Pfeffer • 1–2 TL dunkles Sesamöl • 4 EL Röstzwiebeln

Größere Shiitakepilze halbieren oder in Scheiben schneiden, kleinere ganz lassen. Knoblauch und Ingwer schälen, in Scheiben schneiden. Chilischote längs halbieren, entkernen und grob hacken. Frühlingszwiebeln in feine Scheiben schneiden. Limette in Stücke schneiden.

Geflügelfond mit Knoblauch, Ingwer, Chili, Zucker und 3 EL Sojasauce in einen Topf geben. Aufkochen, vom Herd nehmen und 5 Minuten ziehen lassen.

Nudeln in kochendem Salzwasser 2–3 Minuten kochen, abgießen, abschrecken und abtropfen lassen. Suppe erneut aufkochen. Pilze dazugeben, Hitze reduzieren und alles knapp unter dem Siedepunkt 5 Minuten ziehen lassen. Mit restlicher Sojasauce, Salz, Pfeffer und Sesamöl abschmecken.

Nudeln, Limettenstücke und Frühlingszwiebeln auf vorgewärmte Schalen verteilen. Mit der heißen Suppe auffüllen, mit Röstzwiebeln bestreuen und sofort servieren.

> Wichtig ist, den holzigen Stiel der Shiitakepilze zu entfernen, denn der schmeckt nicht. Beim Hantieren mit frischen Chilis ist immer Vorsicht geboten. Deshalb Hände gründlich waschen oder Handschuhe tragen.

Leckeres Asia-Fingerfood!

Gefüllte Salatblätter

20 Minuten

Vom Zitronengras nur das weiße Innere sehr fein hacken. Knoblauch schälen und fein hacken. Chili ebenfalls fein hacken. Sonnenblumenöl in einer beschichteten Pfanne erhitzen. Hackfleisch, Zitronengras und Knoblauch darin krümelig und knusprig braten.

Zucker und Chili dazugeben und kurz mitbraten. Sojasauce, süße Chilisauce und Limettensaft unterrühren. Vom Herd nehmen.

Minzeblätter fein hacken. Frühlingszwiebeln in dünne Scheiben schneiden. Salatblätter vom Strunk ablösen.

Minze und Frühlingszwiebeln zur Hackmischung geben. Salatblätter mit der Hackmischung füllen und auf eine Platte legen. Mit Hüttenkäse bestreuen und servieren.

4 Personen
- 2 Stängel Zitronengras
- 1 Knoblauchzehe
- 1 rote Chilischote
- 2 EL Sonnenblumenöl
- 400 g gemischtes Hackfleisch
- 1 EL brauner Zucker
- 3 EL Sojasauce
- 2 EL süße Chilisauce
- 50 ml Limettensaft
- 1 Handvoll Minzeblätter
- 2 Frühlingszwiebeln
- 2 Römersalatherzen
- 4 EL Hüttenkäse

Beim Einkauf von Zitronengras darauf achten, dass es knackig und frisch ist. Falls ihr kein Zitronengras bekommt, arbeitet mit Zitronenschale und -saft. Schmeckt nicht ganz so aromatisch, geht aber auch.

Mediterraner Nudelsalat

Bunter Nudelsalat

Mediterraner Nudelsalat

<u>4 Personen:</u> 350 g Farfalle · Salz · 2 Knoblauchzehen · 1 Bund Basilikum · 20 g Pinienkerne · 100 ml Olivenöl · 2 TL Zitronensaft · 100 g Pfifferlinge · 200 g Strauchtomaten · 1 Zweig Rosmarin · 2 EL Balsamico-Essig · Pfeffer · 30 g Parmesan, gerieben

Nudeln in kochendem Salzwasser nach Packungsanweisung bissfest kochen, abgießen, abschrecken und abtropfen lassen. Für das Pesto 1 Knoblauchzehe klein schneiden. Basilikumblätter abzupfen und grob hacken. Knoblauch, Basilikum, Pinienkerne, 80 ml Öl, Salz und Zitronensaft mit dem Stabmixer fein pürieren.

Pfifferlinge klein schneiden. Restliches Olivenöl in einer Pfanne erhitzen. Pilze und den restlichen Knoblauch darin 4–5 Minuten braten. Tomaten waschen, vierteln und den Stielansatz entfernen. Kurz vor Ende der Garzeit mit dem Rosmarin zu den Pilzen geben. Mit dem Balsamico-Essig ablöschen und mit Salz und Pfeffer würzen. Pilze, Pesto und Nudeln vermischen. Mit Parmesan bestreuen und servieren.

Bunter Nudelsalat

<u>4 Personen:</u> 300 g Penne · Salz · 1 rote Paprika · 80 g Kochschinken · 8 Radieschen · 1 Handvoll Petersilienblätter · 1 Bund Schnittlauch · 60 g Cornichons · 100 g Naturjoghurt · 100 g Miracle Whip · 1 TL Senf · 2–3 EL Zitronensaft · 5 EL Cornichon-Sud · Pfeffer, Zucker

Nudeln in kochendem Salzwasser nach Packungsanweisung bissfest kochen, abgießen, abschrecken und abtropfen lassen. Inzwischen Paprika vierteln, das Kerngehäuse entfernen und in dünne Streifen schneiden. Schinken fein würfeln. Radieschen in dünne Scheiben hobeln. Petersilienblätter fein hacken. Schnittlauch in feine Röllchen schneiden. Cornichons in dünne Scheiben schneiden.

Für das Dressing Joghurt, Miracle Whip, Senf, Zitronensaft und Cornichon-Sud in einer Schüssel verrühren. Mit Salz, Pfeffer und 1 Prise Zucker abschmecken. Nudeln und alle anderen Zutaten dazugeben und mit dem Dressing vermischen.

Griechischer Nudelsalat

4× Nudelsalat in 20 Minuten

Glasnudelsalat

Griechischer Nudelsalat

<u>4 Personen:</u> 300 g Fusilli · Salz · 200 g Tomaten · 1 rote Zwiebel · 200 g Bio-Salatgurke · 125 g Feta · 1 Handvoll Petersilienblätter · 6 EL Olivenöl · 1 EL Weißweinessig · 3–4 EL Zitronensaft · Pfeffer, Zucker · 1 TL Oregano · Chiliflocken · 60 g schwarze Oliven

Nudeln in kochendem Salzwasser nach Packungsanweisung bissfest kochen, abgießen, abschrecken und abtropfen lassen.

Tomaten in Würfel schneiden, dabei den Stielansatz entfernen. Zwiebel schälen und in feine Streifen schneiden. Gurke längs halbieren, entkernen und in Scheiben schneiden. Feta grob zerbröseln. Petersilienblätter grob hacken.

Olivenöl, Essig und Zitronensaft in einer Schüssel verquirlen. Mit Salz, Pfeffer, Zucker, Oregano und Chiliflocken würzen. Nudeln, Oliven, Petersilie und die restlichen Zutaten dazugeben. Gut mit dem Dressing vermischen.

Glasnudelsalat

<u>4 Personen:</u> 2 Stängel Zitronengras · Salz · 250 g Hähnchenbrust ohne Haut und Knochen · 2 EL Sesamsamen · 100 g Glasnudeln · 2 Frühlingszwiebeln · ½ Bund Koriandergrün · 1 Römersalatherz · 1 kleine Knoblauchzehe · 1 kleine rote Chilischote · 4 EL Sojasauce · 3 EL Limettensaft · 2 TL Puderzucker · 1 EL dunkles Sesamöl · 2 EL Sonnenblumenöl

600 ml Wasser mit Zitronengras und 1 TL Salz in einen Topf geben und aufkochen. Hähnchenbrust dazugeben und bei mittlerer Hitze 12 Minuten garen. Inzwischen die Sesamsamen in einer Pfanne ohne Fett goldbraun rösten. Glasnudeln nach Packungsanweisung garen und abtropfen lassen.

Frühlingszwiebeln in dünne Scheiben schneiden. Koriander grob hacken. Römersalat in dünne Streifen schneiden. Hähnchenbrust aus dem Sud nehmen, in Stücke zupfen. Knoblauch schälen und fein würfeln. Chili fein schneiden. Knoblauch, Chili, Sojasauce, Limettensaft, Puderzucker, Sesam- und Sonnenblumenöl in einer Schüssel verrühren. Restliche Zutaten gut mit dem Dressing vermengen.

Rinderfiletspieße mit Erdnusssauce

20 Minuten

2–4 Personen: 250 g Rinderfilet • 2 cm Ingwerwurzel • 1 Knoblauchzehe • 5 EL Sojasauce • 2 EL Zucker • 5 EL Sonnenblumenöl • 1 rote Chilischote • 2 Frühlingszwiebeln • 100 ml Geflügelfond • 2 EL Erdnussbutter • 1–2 EL Limettensaft • Salz, Cayennepfeffer • 300 g Bio-Salatgurke • 2 TL flüssiger Honig • 4 EL Reisessig • 2 TL dunkles Sesamöl

Filet in 2 cm große Würfel schneiden und auf 8 Spieße stecken. Ingwer schälen und fein reiben. Knoblauch schälen und pressen. Beides mit der Sojasauce, 1 EL Zucker und 2 EL Öl vermischen und über die Spieße geben. 10 Minuten ziehen lassen.

Inzwischen Chilischote und Frühlingszwiebeln fein hacken. Die Hälfte der Chilischote und Frühlingszwiebeln in 1 EL Sonnenblumenöl glasig dünsten. Mit dem Fond ablöschen.

Restlichen Zucker (1 EL) und die Erdnussbutter dazugeben. Die Sauce mit Limettensaft, Salz und Cayennepfeffer würzen. Warm halten und ab und zu umrühren.

Für den Gurkensalat Gurke fein hobeln. Aus der restlichen Chilischote, Honig, Reisessig und Sesamöl ein Dressing herstellen und kräftig mit Salz würzen. Die Gurken mit dem Dressing vermengen.

Die Spieße aus der Marinade nehmen und abtropfen lassen. Restliches Sonnenblumenöl (2 EL) in einer Pfanne stark erhitzen. Spieße darin 2–3 Minuten von allen Seiten anbraten, herausnehmen und auf Teller legen. Mit Erdnusssauce beträufeln. Gurkensalat dazu servieren.

Spargel-Tempura mit Himbeerketchup

20 Minuten

Den Zucker in einem Topf erhitzen, bis er schmilzt und karamellisiert. Chili halbieren, entkernen und in feine Streifen schneiden. Chili und Himbeeren zum Zucker in den Topf geben. Himbeeressig zugeben und alles bei milder Hitze einkochen lassen. Vom Herd nehmen.

Spargel schälen, die holzigen Enden entfernen und die Stangen quer halbieren. Tempura-Mehl mit kaltem Wasser nach Packungsanweisung anrühren.

Rapsöl in einem Topf erhitzen. Spargel durch den Tempura-Teig ziehen und im heißen Öl frittieren. Auf Küchenpapier abtropfen lassen und mit Salz und Pfeffer würzen. Mit dem Himbeerketchup servieren.

2 Personen
- 1 EL brauner Zucker
- 1 rote Chilischote
- 100 g Himbeeren
- 1 EL Himbeeressig
- 6 Stangen weißer Spargel
- 50 g Tempura-Mehl
- 500 ml Rapsöl zum Frittieren
- Salz, Pfeffer

Der Ketchup passt auch gut zu Zucchini- oder Möhren-Tempura. Ihr könnt ihn sogar als Kompottersatz zu verschiedenen Desserts reichen.

Hähnchensalat mit Sellerie und Mango

<u>2 Personen:</u> 2 Hähnchenbrüste, ohne Haut und Knochen (à 200 g) • Salz, Pfeffer • rosenscharfes Paprikapulver • 2 EL Sonnenblumenöl • 1 Mango (500 g) • 3 Stangen Staudensellerie • 2 Frühlingszwiebeln • 1 Zweig Thymian • 50 g Walnusskerne • 6 EL Mayonnaise • 2 EL Limettensaft • 1 EL Honig

Backofen auf 200 °C Ober-/Unterhitze vorheizen. Hähnchenbrust trocken tupfen und von allen Seiten mit Salz, Pfeffer und Paprikapulver einreiben.

Öl in einer Pfanne erhitzen. Hähnchenbrust darin auf jeder Seite 3 Minuten scharf anbraten. In eine ofenfeste Form legen und im Ofen auf der zweiten Schiene von unten 10 Minuten garen.

Inzwischen die Mango schälen, Fruchtfleisch erst vom Stein, dann in dünne Scheiben schneiden. Staudensellerie schräg in dünne Scheiben schneiden.

Frühlingszwiebeln in feine Ringe schneiden. Thymianblättchen abzupfen und grob hacken. Walnusskerne grob hacken.

Für das Dressing Mayonnaise, Limettensaft und Honig in einer Schüssel verrühren. Mit Salz und Pfeffer abschmecken.

Mango, Sellerie, Frühlingszwiebeln, Thymian und Walnusskerne in einer Schüssel mit dem Dressing vermischen. Hähnchenbrust in dünne Scheiben schneiden, auf Teller legen und mit dem Salat servieren.

Kaninchenfilet mit Bohnen und Spinat

Sternanis, Pfefferkörner und ½ TL Salz im Mörser fein zerreiben. Fleisch ringsherum mit der Gewürzmischung einreiben.

2 EL Öl in einer Pfanne erhitzen. Kaninchenfilets darin bei milder Hitze in 10–12 Minuten von allen Seiten braten. Nach 5 Minuten die Butter dazugeben.

Inzwischen Knoblauch und Schalotte schälen und fein hacken. Restliches Öl (2 EL) in einer zweiten Pfanne erhitzen. Knoblauch und Schalotte darin andünsten.

Pancetta oder Bacon klein schneiden und mit den weißen Bohnen dazugeben. Kapern und Spinat ebenfalls in die Pfanne geben und untermischen. Alles 2 Minuten dünsten.

Vom Herd nehmen, Pecorino unter das Gemüse mischen und auf Teller verteilen. Fleisch in Scheiben schneiden, auf das Gemüse legen und sofort servieren.

20 Minuten

<u>2 Personen</u>
- 1 Sternanis
- ½ TL schwarze Pfefferkörner
- Salz
- 300 g Kaninchenfilet
- 4 EL Olivenöl
- 1 EL Butter
- 1 Knoblauchzehe
- 1 Schalotte
- 4 Scheiben Pancetta oder Bacon
- 100 g abgetropfte weiße Bohnen (Dose)
- 1 TL Kapern
- 100 g Blattspinat
- 30 g Pecorino, gerieben (ersatzweise Parmesan)

Falls ihr mehr Zeit habt, das Fleisch in der Gewürzmischung etwa 15 Minuten liegen lassen. Große Spinatblätter vorher klein schneiden. Entfällt natürlich bei Babyspinat.

Kartoffelpuffer mit Pfeffermakrele und Schnittlauchschmand

Pfeffermakrele aus dem Kühlschrank nehmen. Kartoffeln und Zwiebel schälen. Beides auf der Küchenreibe grob raspeln, in ein Sieb geben und abtropfen lassen.

Inzwischen Schnittlauch in feine Röllchen schneiden und mit dem Schmand vermischen. Mit Salz, Pfeffer und Zitronensaft abschmecken. Makrele in Stücke zupfen.

Kartoffelmasse mit den Händen gut ausdrücken. In einer Schüssel mit Eigelben, Mehl, ¼ TL Salz und etwas Pfeffer verkneten.

Öl in einer großen Pfanne erhitzen. Pro Puffer 2 EL Kartoffelmasse in die Pfanne geben, flach drücken und von beiden Seiten knusprig backen. Herausnehmen und auf Küchenpapier abtropfen lassen. Auf diese Weise die ganze Kartoffelmasse zu Puffern backen.

Fertige Puffer mit Makrelenstückchen belegen und mit dem Schnittlauchschmand beträufeln. Sofort servieren.

2 Personen
- 100 g Pfeffermakrele
- 500 g festkochende Kartoffeln
- 1 Zwiebel
- 1 Bund Schnittlauch
- 150 g Schmand
- Salz, Pfeffer
- 1 EL Zitronensaft
- 2 Eigelb
- 2 EL Mehl
- 75 ml Rapsöl

Um den Kartoffelpuffern den besonderen Kick zu geben, kann man gehackten Rosmarin oder Thymian unter die Kartoffelmasse mischen. Ist auch ein perfektes Kateressen.

Brunnenkresse-Schmarrn mit Olivenvinaigrette

20 Minuten

Blätter und zarte Stiele der Brunnenkresse verlesen. Zwiebel schälen und in Streifen schneiden. Paprika vierteln, entkernen und klein würfeln.

Eier mit der Sahne verquirlen, mit Salz, Pfeffer und etwas frisch geriebener Muskatnuss würzen. Brunnenkresse unterheben.

3 EL Olivenöl in einer beschichteten Pfanne (24 cm Ø) erhitzen, Zwiebel und Paprika darin 2 Minuten andünsten. Die Ei-Brunnenkresse-Masse darübergießen. Pfanne abdecken und den Schmarrn bei milder Hitze in 10–12 Minuten stocken lassen.

Inzwischen für das Dressing Oliven fein hacken, getrocknete Tomaten fein würfeln. Petersilienblätter grob hacken. Restliches Öl (4 EL) mit Essig und 3 EL Wasser in einer Schüssel verquirlen. Getrocknete Tomaten, Oliven und Petersilie hineingeben. Alles mit Salz, Pfeffer und Zucker würzen.

Schmarrn mithilfe eines Topfdeckels in der Pfanne wenden, mit zwei Esslöffeln in Stücke reißen und in 2–3 Minuten ohne Deckel zu Ende garen. Das Dressing dazu servieren.

<u>4 Portionen</u>
- 300 g Brunnenkresse
- 80 g rote Zwiebel
- 1 rote Paprika
- 6 Eier
- 6 EL Sahne
- Salz, Pfeffer
- Muskatnuss
- 7 EL Olivenöl
- 10 grüne Oliven, ohne Stein
- 30 g getrocknete Tomaten
- 1 Handvoll Petersilienblätter
- 4 EL Weißweinessig
- 1 Prise Zucker

> Hört sich aufwendiger an, als es ist. Eines meiner vegetarischen Lieblingsgerichte. Keine Lust auf das Dressing? Würzig abgeschmeckter Frischkäse schmeckt auch lecker dazu.

Paniertes Schweinekotelett mit Erbsen

20 Minuten

Zwiebel und Knoblauch schälen und fein würfeln. Champignons in dünne Scheiben schneiden.

Butter in einer Pfanne erhitzen, Champignons darin 2–3 Minuten dünsten. Zwiebel und Knoblauch dazugeben, glasig dünsten. Mit Sojasauce ablöschen. Erbsen, Sahne und Gemüsefond dazugeben. Alles aufkochen und mit Salz und Pfeffer würzen. Warm halten.

Brösel und Mehl jeweils auf einen flachen Teller geben. Das Ei mit einer Gabel auf einem dritten Teller verquirlen. Koteletts trocken tupfen, salzen und pfeffern. Nacheinander erst im Mehl, dann im Ei und zum Schluss in den Semmelbröseln wenden. Brösel dabei leicht andrücken.

Butterschmalz in einer Pfanne erhitzen, Koteletts darin bei mittlerer bis starker Hitze auf jeder Seite 5–6 Minuten goldbraun braten. Auf Küchenpapier abtropfen lassen. Mit dem Erbsengemüse servieren.

2 Personen
- 1 Zwiebel
- 1 Knoblauchzehe
- 150 g Champignons
- 2 EL Butter
- 2–3 EL Sojasauce
- 250 g TK-Erbsen
- 80 g Sahne
- 200 ml Gemüsefond (siehe Seite 185)
- Salz, Pfeffer
- 40 g Semmelbrösel
- 5 EL Mehl
- 1 Ei
- 2 Schweinekoteletts (à 250 g)
- 2 EL Butterschmalz

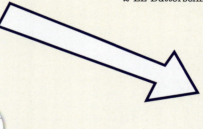

Ein Gericht wie einst von Oma. Durch die Sojasauce bekommt das Ganze aber Pfiff. Gehackter Estragon würde auch super dazu passen.

4× Ceviche in 20 Minuten

Zander-Ceviche mit Frisée

Doraden-Ceviche mit Fenchel

Wolfsbarsch-Ceviche mit Tomaten

Lachs-Ceviche mit Melone und Schinken

Zander-Ceviche

<u>2 Personen:</u> 250 g Zanderfilet, ohne Haut und Gräten · 50 ml Zitronensaft · 3 EL Olivenöl · 1 Spritzer Tabasco · 1 rote Zwiebel · 1 Avocado · 1 Handvoll Friséesalat · Salz, Pfeffer

Fisch in 1 cm kleine Würfel schneiden. Mit Zitronensaft, Olivenöl und Tabasco in einer Schüssel vermengen. Gut durchmischen und 10 Minuten ziehen lassen.

Inzwischen die Zwiebel schälen und fein würfeln. Avocado halbieren, entsteinen, schälen und grob würfeln. Frisée in Stücke zupfen. Alles zum Fisch in die Schüssel geben. Mit Salz und Pfeffer würzen. Sofort servieren.

Doraden-Ceviche

<u>2 Personen:</u> 250 g Doradenfilet, ohne Haut und Gräten · 1 TL Kapern · 3 EL Weißweinessig · 1 Orange · 1 kleine Fenchelknolle · 1 Handvoll Petersilienblätter · 2 Frühlingszwiebeln · 3 EL Olivenöl · Salz, Pfeffer

Fisch in 1 cm kleine Würfel schneiden. Mit Kapern und Essig in eine Schüssel geben. Orange mit einem scharfen Messer so schälen, dass die weiße Haut vollständig entfernt wird. Filets zwischen den Trennhäuten herausschneiden, dabei den Saft auffangen. Orangenfilets und -saft zum Fisch geben und untermischen.

Fenchel vierteln, den harten Strunk entfernen und dünn hobeln. Ebenfalls zum Fisch geben, untermischen und alles 5 Minuten ziehen lassen.

Inzwischen Petersilienblätter grob hacken. Frühlingszwiebeln in dünne Scheiben schneiden. Olivenöl, Petersilie und Frühlingszwiebeln zum Fisch geben und untermischen. Mit Salz und viel Pfeffer abschmecken. Sofort servieren.

Wolfsbarsch-Ceviche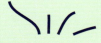

<u>2 Personen:</u> 250 g Wolfsbarschfilet, ohne Haut und Gräten · 50 ml Limettensaft · 1 Schalotte · 1 rote Chili · 8 Kirschtomaten · ½ Bund Koriandergrün · 2 EL Olivenöl · Salz, Pfeffer

Fisch in 1 cm kleine Würfel schneiden. Zusammen mit dem Limettensaft in eine Schüssel geben, durchmischen und 10 Minuten ziehen lassen.

Inzwischen Schalotte schälen und fein würfeln. Chili längs halbieren, entkernen und fein hacken. Beides zum Fisch geben und untermischen.

Tomaten vierteln. Koriandergrün mit den zarten Stielen fein hacken. Zusammen mit dem Olivenöl unter den Fisch mischen. Mit Salz und Pfeffer abschmecken. Sofort servieren.

Lachs-Ceviche

<u>2 Personen:</u> 250 g Lachsfilet, ohne Haut und Gräten · 50 ml Limettensaft · 1 rote Chilischote · 250 g Wassermelone · 1 Handvoll Minzeblätter · 1 TL Currypulver · Salz, Pfeffer · 4 Scheiben Parmaschinken

Fisch in 1 cm kleine Würfel schneiden. Mit dem Limettensaft in eine Schüssel geben, durchmischen und 10 Minuten ziehen lassen.

Chili längs halbieren, entkernen und fein hacken. Wassermelone in 2 cm große Würfel schneiden. Beides mit dem Fisch vermengen.

Minzeblätter in feine Streifen schneiden. Mit dem Currypulver zum Fisch geben.

Mit Salz und Pfeffer abschmecken. Den Parmaschinken darauflegen und sofort servieren.

Lasst euch den Fisch vom Händler küchenfertig herrichten. Vor allem das Grätenziehen kostet viel Zeit. Nicht wundern, wenn der Fisch beim Marinieren leicht weiß anläuft. Das kommt von der Säure und ist völlig normal.

Klassischer Muscheltopf. Dazu passt Knoblauchbaguette. Wenn ihr kurz vor Schluss noch 2 EL Kräuterbutter in den Topf gebt, wird das Ganze noch 'ne Ecke leckerer.

Muscheltopf mit Weißwein und Safran

20 Minuten

Muscheln waschen. Geöffnete Muscheln entfernen. Möhren schälen und zuerst in dünne Scheiben, dann in dünne Streifen schneiden. Zwiebeln schälen und in Streifen schneiden. Knoblauchzehen schälen und andrücken.

Öl und Butter in einem großen Topf erhitzen. Möhrenstreifen, Knoblauch und Pfefferkörner etwa 3 Minuten darin andünsten. Thymian, Safran und Muscheln dazugeben und alles verrühren.

Mit Weißwein und Anisschnaps ablöschen. Zugedeckt etwa 10 Minuten garen, bis sich alle Muscheln geöffnet haben. Geschlossene Muscheln entfernen.

Inzwischen Petersilienblätter abzupfen, fein hacken und nach Ende der Garzeit untermischen. Die Muscheln mit dem Gemüse und dem Sud in einer vorgewärmten Schüssel anrichten und servieren.

2 Personen
- 1 kg Miesmuscheln
- 200 g Möhren
- 150 g Zwiebeln
- 2 Knoblauchzehen
- 1 EL Olivenöl
- 2 EL Butter
- 1 TL schwarze Pfefferkörner
- 2 Zweige Thymian
- 1 Döschen Safranfäden (0,1 g)
- 100 ml Weißwein
- 4 EL Anisschnaps (z.B. Pernod)
- ½ Bund Petersilie

Eiersalat-Sandwich

Eier in kochendem Wasser 10 Minuten garen, abgießen, abschrecken und abkühlen lassen.

Inzwischen Schalotte und Gurke schälen und fein würfeln. Paprika vierteln, entkernen und ebenfalls fein würfeln. Petersilienblätter grob hacken.

Mayonnaise, Joghurt und Senf in einer Schüssel verrühren. Schalotte, Gurke, Petersilie und Paprika untermischen. Mit Zitronensaft, Salz und Pfeffer abschmecken.

Eier pellen und in Scheiben schneiden. Vorsichtig unter die Mayonnaisemischung heben.

4 Toastscheiben mit dem Eiersalat bestreichen. Masago darauf verteilen. Die restlichen Toastscheiben darauflegen. Die Sandwiches diagonal halbieren und sofort servieren.

20 Minuten

2 Personen
- 4 Eier
- 1 Schalotte
- 50 g Gurke
- 100 g rote Paprika
- 1 Handvoll Petersilienblätter
- 75 g Mayonnaise
- 75 g Joghurt
- ½ TL Senf
- 1–2 EL Zitronensaft
- Salz, Pfeffer
- 8 Scheiben Toastbrot
- 4 EL Masago (Fliegenfischrogen; ersatzweise Forellenkaviar)

Ein Gericht aus meiner Lehrzeit. Haben wir uns immer zwischendurch gemacht. Selbst gemachte Mayo schmeckt natürlich besser. Der Masago kam allerdings erst in späteren Jahren dazu. Er sorgt für das gewisse Etwas, es geht aber auch ohne.

Tabouleh

200 ml Wasser aufkochen. Bulgur und Salz dazugeben, umrühren und bei schwacher Hitze zugedeckt 15 Minuten quellen lassen.

Zwiebel schälen und in feine Ringe schneiden. Mango schälen, das Fruchtfleisch vom Stein schneiden und fein würfeln. Gurke in Würfel schneiden. Koriander von den dicken Stielen zupfen und alle Kräuter grob hacken.

Für die Vinaigrette Gemüsefond, Zitronensaft und Olivenöl verrühren. Zwiebel, Mango, Gurke, Kräuter und die Vinaigrette unter den Bulgur mischen. Mit Salz und Cayennepfeffer würzig abschmecken.

20 Minuten

2 Personen
- 100 g Weizen-Bulgur
- Salz
- 1 rote Zwiebel
- 1 kleine Mango
- 80 g Bio-Salatgurke
- ½ Bund Koriandergrün
- 1 Handvoll Minzeblätter
- 1 Handvoll Basilikumblätter
- 1 Handvoll Petersilienblätter
- 100 ml Gemüsefond
- 3 EL Zitronensaft
- 4 EL Olivenöl
- Cayennepfeffer

Dieser Salat eignet sich auch super zum Mitnehmen ins Büro. Statt Bulgur eignet sich dafür auch Couscous. Wer es üppiger mag, mischt noch ein paar Feta- oder Mozzarellawürfel darunter.

Tandoori-Lachs mit Naan-Brot

20 Minuten

Backofen auf 180 °C vorheizen. Petersilienblätter grob hacken. Tandoori-Paste mit Crème fraîche, Petersilie und Panko-Bröseln vermischen. Mit Salz und Pfeffer würzen.

Lachs mit der Hautseite nach unten in eine gebutterte Auflaufform legen und mit der Creme bestreichen. Auf mittlerer Schiene 10–12 Minuten garen. Dann den Backofengrill zuschalten und den Lachs goldgelb gratinieren.

Inzwischen für das Naan-Brot Mehl, Backpulver, Salz, Trockenhefe und Zucker in einer Schüssel vermischen. Joghurt, Milch und Sonnenblumenöl unterrühren. Mit den Knethaken des Handrührgeräts zu einem glatten Teig verkneten. In 4 Portionen teilen. Jedes Teil auf der bemehlten Arbeitsfläche etwa 2 mm dünn ausrollen.

Pro Fladen 1 EL Olivenöl in einer großen beschichteten Pfanne erhitzen. Die Fladen von jeder Seite 2 Minuten bei mittlerer Hitze backen, dabei die Pfanne abdecken. Lachs aus dem Ofen nehmen und mit dem Naan-Brot servieren.

2 Personen

- 1 Handvoll Petersilienblätter
- 2 EL Tandoori-Paste
- 80 g Crème fraîche
- 3 EL Panko-Brösel
- Salz, Pfeffer
- 400 g Lachsfilet, mit Haut
- 1 EL Butter für die Form
- 125 g Mehl + mehr für die Arbeitsfläche
- 2 Messerspitzen Backpulver
- 1 TL Trockenhefe
- 1 Prise Zucker
- 70 g Joghurt
- 80 ml lauwarme Milch
- 1 EL Sonnenblumenöl
- 4 EL Olivenöl

> Würziger wird das Naan-Brot, wenn ihr zusätzlich groben schwarzen Pfeffer, gehackte Chilischote oder Schnittlauchröllchen in den Teig gebt. Geht auf jeden Fall schnell und macht satt.

Frisch geriebener Meerrettich passt super dazu.

Steckrübeneintopf

Steckrübe und Sellerie schälen und in 2 cm große Würfel schneiden. Zwiebeln schälen und in feine Streifen schneiden. Chorizo in 1 cm dicke Scheiben schneiden. Kartoffel schälen.

Öl und Butter in einem Topf erhitzen. Steckrübe, Sellerie, Chorizo und Zwiebeln darin anbraten. Mit Sherry ablöschen und mit Fond auffüllen. Kartoffel mit der Gemüsereibe in den Eintopf reiben. Mit aufgelegtem Deckel alles etwa 15 Minuten garen.

Eintopf mit Salz und Pfeffer abschmecken. Petersilienblätter grob hacken. Kurz vor dem Servieren unter die Suppe mischen.

20 Minuten

2 Personen
- 450 g Steckrübe
- 200 g Knollensellerie
- 2 Zwiebeln
- 100 g Chorizo am Stück
- 1 Kartoffel
- 1 EL Olivenöl
- 2 EL Butter
- 4 EL Sherry
- 800 ml Geflügelfond
- Salz, Pfeffer
- 1 Handvoll Petersilienblätter

Schaumpfannkuchen mit Mango

Eier trennen. Mehl und Zucker in eine Schüssel geben. Eigelb und Milch dazugeben. Alles zu einem glatten Teig verrühren. Eiweiß mit 1 Prise Salz steif schlagen. Mit einem Spatel unter den Teig heben. Teig ruhen lassen.

Inzwischen den Backofen auf 200 °C Ober-/Unterhitze vorheizen. Mango schälen, das Fruchtfleisch vom Stein schneiden und das Fruchtfleisch in Spalten schneiden.

Butterschmalz in einer ofenfesten Pfanne erhitzen und die Mangospalten darin anbraten. Den Pfannkuchenteig über den Mangospalten verteilen. Auf der mittleren Schiene im Ofen 15 Minuten backen.

Pfannkuchen aus dem Ofen nehmen, auf eine Platte gleiten lassen, vierteln und sofort servieren.

20 Minuten

<u>2 Portionen</u>
- 2 Eier
- 120 g Mehl
- 4 EL Zucker
- 175 ml Milch
- Salz
- 1 Mango (500 g)
- 1–2 EL Butterschmalz

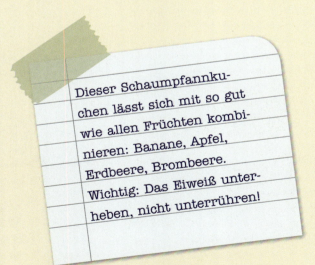

Dieser Schaumpfannkuchen lässt sich mit so gut wie allen Früchten kombinieren: Banane, Apfel, Erdbeere, Brombeere. Wichtig: Das Eiweiß unterheben, nicht unterrühren!

Pochierte Nashi-Birnen

Vanilleschote aufschlitzen. Wein, Honig, 250 ml Wasser und die Vanilleschote in einen flachen Topf geben und aufkochen.

Birnen schälen, halbieren und das Kerngehäuse mit einem Teelöffel entfernen. In den Topf geben und 10 Minuten bei milder Hitze mit aufgelegtem Deckel garen, dabei ab und zu vorsichtig wenden. Vom Herd nehmen.

Inzwischen Mascarpone mit Milch, Puderzucker und Zitronensaft in eine Schüssel geben und mit dem Schneebesen cremig rühren.

Je 2 Birnenhälften auf einen Teller legen, mit etwas Weinsud beträufeln und die Mascarponecreme dazugeben.

20 Minuten

<u>4 Personen</u>
- 1 Vanilleschote
- 300 ml süßer Weißwein
- 3 EL flüssiger Honig
- 4 Nashi-Birnen (à 150 g; ersatzweise Pfirsiche)
- 200 g Mascarpone
- 50 ml Milch
- 2 EL Puderzucker
- 1–2 EL Zitronensaft

Die Nashi-Birne ist von Haus aus schon so saftig, dass bei diesem Dessert nichts schiefgehen kann. Falls kein Mascarpone zur Hand ist, tut es im Notfall auch Crème fraîche.

Falls ihr keine Zartbitterschokoladen-
raspel habt, klappt es auch mit
gehackter Schokolade nach eurem
Geschmack. Wenn ihr auf ganz dicke
Hose machen wollt – weiße, Zartbitter-
und Nussschokolade mischen.

20 Minuten

French Toast mit Schokolade

2 Personen
- 125 ml Milch
- 2 Eier
- 1 TL Zucker
- Salz
- 4 Scheiben Weißbrot
- 50 g dunkle Schokoladenraspel
- 3 EL Sonnenblumenöl
- 3 EL Butter
- 1 Handvoll Minzeblätter
- 1 EL Puderzucker

Backofen auf 180 °C Ober-/Unterhitze vorheizen. Milch, Eier, Zucker und 1 Prise Salz in einer Schale verquirlen. Weißbrotscheiben von beiden Seiten kurz in die Eiermilch tauchen.

2 Scheiben Brot mit Schokoladenraspeln bestreuen. Die beiden anderen Scheiben darauflegen und leicht andrücken.

Öl und Butter in einer beschichteten Pfanne erhitzen. French Toasts nacheinander bei mittlerer Hitze auf jeder Seite 2–3 Minuten braten, bis sie goldbraun sind.

Auf ein mit Backpapier ausgelegtes Backblech legen. Auf mittlerer Schiene im Ofen 8–10 Minuten backen.

Minzeblätter in feine Streifen schneiden. French Toast aus dem Ofen nehmen, diagonal vierteln, mit Puderzucker und Minze bestreuen. Sofort servieren.

25-Minuten-Rezepte

Zucchinisuppe

Zwiebel und Knoblauch schälen und fein würfeln. Kartoffel schälen und auf der Küchenreibe grob raspeln.

2 EL Olivenöl und die Butter in einem Topf erhitzen. Zwiebel und Knoblauch darin glasig dünsten. Kartoffelraspel dazugeben und kurz mitdünsten.

Mit Gemüsefond ablöschen, den Deckel auflegen, aufkochen und 10 Minuten bei mittlerer Hitze kochen lassen.

Zucchini längs vierteln und in 1 cm große Stücke schneiden. Petersilienblätter fein hacken.

Zucchini zur Suppe geben und weitere 5 Minuten kochen lassen.

Suppe vom Herd nehmen. Sahne dazugeben. Alles mit dem Stabmixer fein pürieren. Mit Salz, Pfeffer, Zucker und Zitronensaft abschmecken.

Die Suppe in tiefen Tellern anrichten. Mit Petersilie und Parmesan bestreuen und mit dem restlichen Olivenöl (2 EL) beträufeln.

25 Minuten

<u>2–4 Personen</u>
- 1 Zwiebel
- 1 Knoblauchzehe
- 1 Kartoffel
- 4 EL Olivenöl
- 1 EL Butter
- 500 ml Gemüsefond (siehe Seite 185)
- 400 g Zucchini
- 1 Handvoll Petersilienblätter
- 150 g Sahne
- Salz, Pfeffer
- 1 Prise Zucker
- 1–2 EL Zitronensaft
- 20 g Parmesan, dünn gehobelt

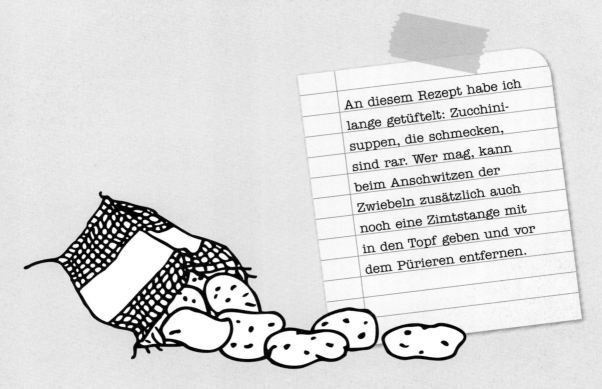

An diesem Rezept habe ich lange getüftelt: Zucchinisuppen, die schmecken, sind rar. Wer mag, kann beim Anschwitzen der Zwiebeln zusätzlich auch noch eine Zimtstange mit in den Topf geben und vor dem Pürieren entfernen.

Hähnchencurry mit Cashew-Couscous

25 Minuten

2–4 Personen: 300 g Hähnchenbrust, ohne Knochen und Haut • 3 Zwiebeln • 3 cm Ingwerwurzel • 1 Knoblauchzehe • 1 Chilischote • 2 EL Sonnenblumenöl • 1 TL Currypulver • 1 TL gemahlene Kurkuma • 300 ml Kokosmilch • 400 ml Geflügelfond • Salz, Pfeffer, Zucker • 2 EL Olivenöl • 125 g Couscous • 1 Handvoll Koriandergrün • 4 EL geröstete Cashewkerne • 1 TL abgeriebene Limettenschale • 2–3 EL Limettensaft

Hähnchenbrust in dünne Scheiben schneiden. Zwiebeln schälen und in dünne Streifen schneiden. Ingwer schälen und in dünne Scheiben schneiden. Knoblauch schälen und fein hacken. Chili halbieren, entkernen und fein hacken.

Öl in einer Pfanne erhitzen. Zwiebeln, Ingwer, Chili und Knoblauch darin andünsten. Fleisch dazugeben und kurz mitdünsten.

Currypulver und Kurkuma dazugeben. Mit Kokosmilch und 200 ml Geflügelfond auffüllen. Mit Salz, Pfeffer und 1 Prise Zucker würzen. Bei mittlerer Hitze 10 Minuten köcheln lassen.

Restlichen Fond mit dem Olivenöl in einen Topf geben und aufkochen. Couscous unter Rühren einrieseln lassen. Deckel auflegen, Topf vom Herd nehmen und Couscous 5 Minuten quellen lassen.

Koriandergrün mit den zarten Stielen fein hacken. Couscous mit einer Gabel auflockern. Cashewkerne, Limettenschale, Salz, Pfeffer und 1 Prise Zucker untermengen.

Curry mit Limettensaft abschmecken. Den Koriander untermischen. Mit dem Couscous servieren.

Das Gericht bekommt mit gerösteten Kokosflocken den letzten Schliff. Und wenn ihr den fertigen Couscous mit gebratenen Paprika- und Zucchiniwürfeln vermischt, habt ihr 'ne schnelle und leckere vegetarische Nummer.

Petersilienwurzelpüree mit Pilzen

Süßkartoffelpüree mit Kaviar

Petersilienwurzelpüree

2 Portionen: 400 g mehligkochende Kartoffeln · 2 Petersilienwurzeln · Salz · 300 g Champignons · 1 Knoblauchzehe · 2 Zwiebeln · 2 EL Sonnenblumenöl · 3 EL Butter · 2 Zweige Rosmarin · 5 EL Crème fraîche · 100 ml Gemüsefond (siehe Seite 185) · Pfeffer, Zucker · 50 ml Milch · 50 g Sahne · 2 Handvoll Petersilienblätter · Muskatnuss

Kartoffeln und Petersilienwurzeln schälen, in kleine Würfel schneiden. Mit 300 ml heißem Wasser und Salz in einen Topf geben. Aufkochen, bei mittlerer Hitze 15 Minuten garen. Inzwischen Pilze vierteln. Knoblauch schälen und andrücken. Zwiebeln schälen und in Streifen schneiden. Öl und 1 EL Butter in einer Pfanne erhitzen. Pilze anbraten. Hitze reduzieren. Zwiebeln, Knoblauch und Rosmarin dazugeben. Alles weich dünsten. Crème fraîche und Gemüsefond unterrühren. Mit Salz, Pfeffer und 1 Prise Zucker abschmecken. Warm halten.

Milch, Sahne und restliche Butter (2 EL) erhitzen. Rosmarinzweige aus dem Gemüse fischen, Flüssigkeit abgießen. Gemüse durch die Kartoffelpresse in eine Schüssel drücken. Sahnemilch und Petersilienblätter untermischen. Mit Salz, Pfeffer und Muskat würzen. Pilze dazu servieren.

Süßkartoffelpüree

2 Portionen: 200 g mehligkochende Kartoffeln · 400 g Süßkartoffeln · Salz · 250 g Bio-Salatgurke · 1 rote Chilischote · 150 g Crème fraîche · 1 TL Wasabi-Paste · Pfeffer · 1 EL weiche Butter · Muskatnuss · 75 g Tobiko-Kaviar (Fliegenfischrogen; ersatzweise Forellenkaviar)

Kartoffeln und Süßkartoffeln schälen und in kleine Würfel schneiden. In einen Topf mit kochendem Salzwasser geben und in 12–15 Minuten weich garen.

Gurke längs halbieren, mit einem Löffel entkernen und fein würfeln. Chilischote längs halbieren, entkernen und fein hacken. Crème fraîche aufschlagen. Gurke und Chili mit der Crème fraîche verrühren. Mit Wasabi, Salz und Pfeffer würzen.

Kartoffeln abgießen, kurz ausdämpfen lassen und durch die Kartoffelpresse in eine Schüssel drücken. Butter untermischen und mit Salz, Pfeffer und Muskat würzen. Püree mit der Gurkencreme und dem Tobiko anrichten. Sofort servieren.

Sellerierpüree mit Entenbrust

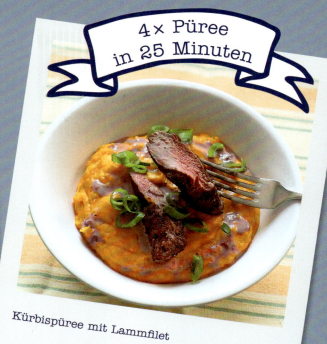

4× Püree in 25 Minuten

Kürbispüree mit Lammfilet

Selleriepüree

2 Portionen: 300 g Knollensellerie · 200 g Sahne · 50 ml Milch · 2 Entenbrüste, mit Haut (à 250 g) · Salz, Pfeffer · 1 EL Sonnenblumenöl · 1 EL Butter · Muskatnuss · 4 EL Johannisbeergelee · ½ Bund Schnittlauch

Sellerie schälen, in feine Würfel schneiden. Mit Sahne und Milch in einen Topf geben. Aufkochen und 10 Minuten garen. Vom Herd nehmen. Haut der Entenbrüste kreuzweise einritzen. Entenbrüste schräg in je 4 Stücke schneiden, salzen und pfeffern. Öl in einer Pfanne erhitzen. Entenstücke auf der Hautseite kross braten, dann ringsum 6–8 Minuten anbraten.

Sellerie mit dem Stabmixer fein pürieren, dabei die Butter untermengen. Mit Salz, Pfeffer und Muskatnuss abschmecken. Warm halten. Fleisch aus der Pfanne nehmen, das Johannisbeergelee hineingeben, etwas einkochen. Pfanne vom Herd ziehen. Schnittlauch in feine Röllchen schneiden und dazugeben. Selleriepüree auf Teller verteilen, Entenbruststücke dazugeben und mit der Sauce beträufeln.

Kürbispüree

2 Portionen: 600 g Hokkaido-Kürbis · 1 EL Butter · 100 g Sahne · 50 ml Milch · Salz, Pfeffer, Muskatnuss · 1 Sternanis · ½ TL schwarze Pfefferkörner · ½ TL grobes Meersalz · ½ TL gemahlener Zimt · 2 Lammfilets (à 200 g) · 2 EL Olivenöl · 1 Frühlingszwiebel · 40 ml Rotwein · Zucker

Kürbis halbieren, entkernen, schälen und würfeln. Butter in einem Topf erhitzen und Kürbiswürfel 2–3 Minuten andünsten. 50 g Sahne und die Milch dazugeben. Mit Salz, Pfeffer und Muskatnuss würzen. Deckel auflegen. Kürbis 8–10 Minuten garen.

Sternanis, Pfefferkörner und Meersalz im Mörser fein zerreiben. Zimt untermischen. Lammfilets mit der Gewürzmischung einreiben. Olivenöl in einer Pfanne erhitzen. Fleisch von allen Seiten 8–10 Minuten braten. Kürbisgemüse fein zerstampfen und warm halten. Frühlingszwiebel in feine Ringe schneiden.

Fleisch aus der Pfanne nehmen. Bratensatz mit Rotwein ablöschen und mit der restlichen Sahne (50 g) verrühren. Mit Salz, Pfeffer und 1 Prise Zucker abschmecken. Lammfilets in Scheiben schneiden. Mit Kürbispüree, Sauce und Frühlingszwiebel servieren.

Fenchel-Garnelen mit Kartoffelschaum

25 Minuten

1 EL Butter in einem Topf erhitzen. Kartoffeln mit Schale in dünne Scheiben schneiden und darin andünsten. Zwiebel schälen, grob würfeln und dazugeben. Zitronengras flach klopfen und ebenfalls in den Topf geben. Alles salzen und pfeffern.

Mit Weißwein ablöschen und die Flüssigkeit vollständig einkochen lassen. Mit dem Gemüsefond auffüllen und alles zugedeckt bei mittlerer Hitze 10–15 Minuten garen. Nach 5 Minuten den Deckel abnehmen und die Sahne unterrühren.

Fenchel fein hobeln. Etwas Fenchelgrün aufbewahren. Garnelen trocken tupfen und klein schneiden. Koriander mit den zarten Stielen grob hacken.

Öl in einer Pfanne erhitzen. Garnelen und Fenchel darin anbraten. Mit Salz, Pfeffer und Chiliflocken würzen. Restliche Butter dazugeben (1 EL) und mit Orangensaft ablöschen. Vom Herd ziehen, den Koriander untermischen.

Zitronengras aus dem Topf mit den Kartoffeln entfernen. Sauce mit dem Stabmixer schaumig aufschlagen. Garnelen auf tiefe Teller verteilen und mit dem Kartoffelschaum beträufeln. Mit etwas Fenchelgrün bestreuen und sofort servieren.

2 Portionen

- 2 EL Butter
- 200 g kleine neue Kartoffeln (z. B. Bamberger Hörnchen)
- 1 Zwiebel
- 1 Stange Zitronengras
- Salz, Pfeffer
- 100 ml Weißwein
- 400 ml Gemüsefond (siehe Seite 185)
- 150 g Sahne
- 1 Fenchelknolle
- 8 küchenfertige Garnelen, ohne Kopf und Schale
- ½ Bund Koriandergrün
- 2 EL Olivenöl
- Chiliflocken
- 100 ml Orangensaft

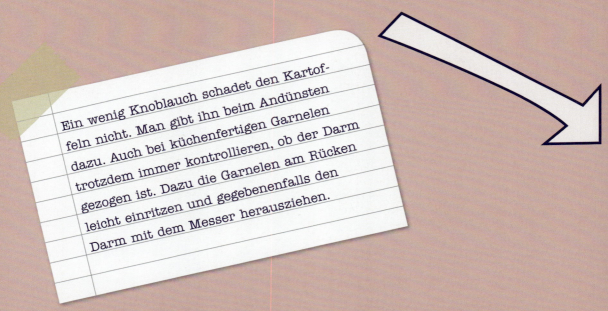

Ein wenig Knoblauch schadet den Kartoffeln nicht. Man gibt ihn beim Andünsten dazu. Auch bei küchenfertigen Garnelen trotzdem immer kontrollieren, ob der Darm gezogen ist. Dazu die Garnelen am Rücken leicht einritzen und gegebenenfalls den Darm mit dem Messer herausziehen.

Kartoffelstampf mit Parmaschinken

25 Minuten

Kartoffeln mit Schale in kleine Würfel schneiden. Knoblauch und Zwiebel schälen und klein schneiden. Mit dem Rosmarin und den Pfefferkörnern in einen Topf mit kochendem Salzwasser geben und bei mittlerer Hitze in 12–15 Minuten weich garen.

Inzwischen Parmaschinkenscheiben in einer Pfanne ohne Fett anbraten. Milch und Butter in einem zweiten Topf erhitzen, aber nicht kochen.

Fertige Kartoffeln in ein Sieb abgießen, Rosmarinzweige herausnehmen und die Nadeln zu den Kartoffeln zupfen. Alles in eine Schüssel geben und mit dem Kartoffelstampfer zerdrücken. Heiße Milch unterrühren. Mit Salz und Pfeffer würzen.

Parmaschinken in grobe Stücke schneiden und mit dem Bratfett zum Kartoffelstampf geben. Sofort servieren.

2 Portionen
- 400 g kleine neue Kartoffeln (z.B. Bamberger Hörnchen)
- 1 Knoblauchzehe
- 1 Zwiebel
- 2 Zweige Rosmarin
- 5 schwarze Pfefferkörner
- Salz
- 5 Scheiben Parmaschinken
- 100 ml Milch
- 1 EL Butter
- Pfeffer

Frischen Salbei in feinen Streifen darüberstreuen, und alles wird gut. Falls ihr statt Parmaschinken nur Bacon habt, geht das auch. Den dann aber in der Pfanne richtig kross braten.

Kartoffel-Möhren-Eintopf

25 Minuten

Kartoffeln und Möhren schälen und in dünne Scheiben schneiden. Petersilienblätter abzupfen und grob hacken. Stiele beiseitelegen.

2 EL Butter in einem Topf erhitzen. Thymianzweige, Petersilienstiele, Kartoffeln und Möhren dazugeben und andünsten.

Zwiebel schälen und in Streifen schneiden. Lauch in dünne Ringe schneiden. Zum Eintopf geben. Mit Salz und Pfeffer würzen. Mit Weißwein und Gemüsefond auffüllen. Deckel auflegen und bei mittlerer Hitze 15 Minuten kochen lassen.

Thymianzweige und Petersilienstiele entfernen. Restliche Butter (1 EL) und die gehackte Petersilie untermischen. Noch einmal mit Salz und Pfeffer abschmecken und sofort servieren.

2 Portionen
- 300 g festkochende Kartoffeln
- 300 g Möhren
- 3 Stängel glatte Petersilie
- 3 EL Butter
- 2 Zweige Thymian
- 1 Zwiebel
- 150 g Lauch
- Salz, Pfeffer
- 50 ml Weißwein
- 500 ml Gemüsefond (siehe Seite 185)

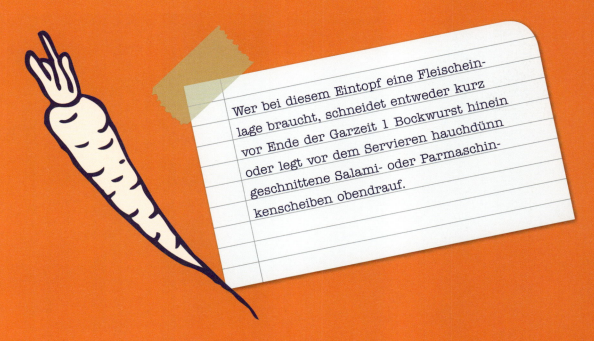

Wer bei diesem Eintopf eine Fleischeinlage braucht, schneidet entweder kurz vor Ende der Garzeit 1 Bockwurst hinein oder legt vor dem Servieren hauchdünn geschnittene Salami- oder Parmaschinkenscheiben obendrauf.

Süß-scharfes Kalbsschnitzel mit Kartoffelchips

25 Minuten

Brioche grob würfeln und im Mixer fein zerkleinern. Eier in einen tiefen Teller aufschlagen, mit Chiliflocken würzen und verquirlen. Mehl und Brioche-Brösel auf je einen flachen Teller geben.

Schnitzel zwischen zwei Lagen Klarsichtfolie platt klopfen. Wer keinen Fleischklopfer hat, nimmt eine Pfanne. Salzen, pfeffern, in Mehl wenden, durch das Ei ziehen und mit den Bröseln panieren.

Backofen auf 100 °C Ober-/Unterhitze vorheizen. Butterschmalz in einer großen Pfanne erhitzen und die Schnitzel darin nacheinander goldgelb ausbacken. Auf Küchenpapier abtropfen lassen und im Ofen warm halten.

Frittieröl in einem Topf erhitzen. Kartoffeln mit der Schale in dünne Scheiben schneiden. Die Kartoffelscheiben portionsweise im heißen Öl frittieren und auf Küchenpapier abtropfen lassen. Salzen und pfeffern.

Schnitzel auf Teller legen, mit Zitronensaft beträufeln. Die Kartoffelchips dazu servieren.

2 Personen
- 100 g Brioche
- 2 Eier
- 1 TL Chiliflocken
- 50 g Mehl
- 2 Kalbsschnitzel (à 120 g)
- Salz, Pfeffer
- 150 g Butterschmalz
- 500 ml Rapsöl zum Frittieren
- 4 Kartoffeln, am besten blaue
- ½ Zitrone

> Ihr könnt das Ei mit Gewürzen und Kräutern nach Lust und Laune vermengen. Crème fraîche mit Salz, Pfeffer und Zitrone verrühren und als Dip zu den Chips reichen. Perfekt zum Fernsehabend.

Manchmal muss es Schnitzel sein!

Süßkartoffel-Orangen-Suppe

2 Personen: 400 g Süßkartoffeln • 1 Zwiebel • 2 EL Butter • Salz, Pfeffer, Zucker • 100 ml Weißwein • 1 Bio-Orange • 600 ml Gemüsefond (siehe Seite 185) • 100 g Sahne

Süßkartoffeln schälen, vierteln und in dünne Scheiben schneiden. Zwiebel fein hacken. Butter in einem Topf erhitzen. Süßkartoffeln und Zwiebel darin andünsten. Mit Salz und 1 Prise Zucker würzen. Mit Weißwein ablöschen.

Orangenschale abreiben und mit dem Gemüsefond zu den Süßkartoffeln geben. Den Deckel auf den Topf legen und alles 12–15 Minuten kochen lassen.

Die Orange so schälen, dass die weiße Haut vollständig entfernt ist. Filets mit einem Messer zwischen den Trennhäuten herausschneiden und den Saft auffangen.

Orangenfilets klein schneiden, mit der Sahne zur Suppe geben und weitere 3 Minuten kochen lassen. Suppe mit dem Stabmixer fein pürieren. Mit Salz und Pfeffer abschmecken. Sofort servieren.

> Ein paar Orangenfilets könnt ihr auch aufheben und als Einlage in die gemixte Suppe geben. Ansonsten passt würzig angerührter Hüttenkäse oder gebratener Fenchel prima dazu.

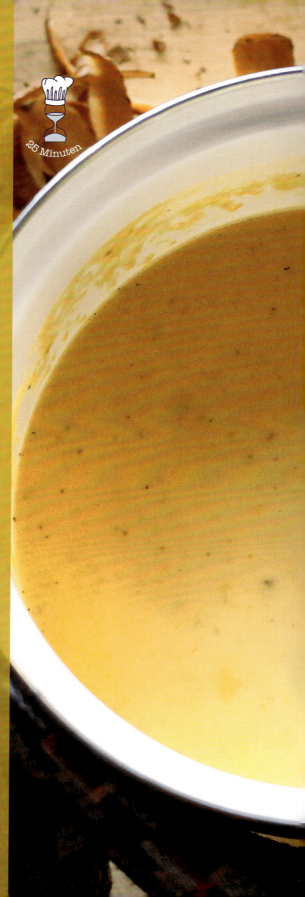

25 Minuten

Panierte Hähnchenschnitzel mit Zucchini-Auberginen-Gemüse

<u>2 Personen:</u> 200 g Zucchini • 300 g Aubergine • 80 g Zwiebel • 1 Knoblauchzehe • 5 Kirschtomaten • 1 Handvoll Minzeblätter • 6 EL Sonnenblumenöl • 200 ml Kokosmilch • 100 ml Geflügelfond • Salz, Pfeffer • 250 g Hähnchenbrust, ohne Haut und Knochen • 2 Eier • 2 EL Currypulver • 5 EL Mehl • 60 g Semmelbrösel • 1 Prise Zucker • 1–2 EL Limettensaft

Zucchini längs halbieren und in 5 mm dicke Scheiben schneiden. Aubergine längs vierteln und in 1 cm dicke Scheiben schneiden. Zwiebel schälen, halbieren und in Scheiben schneiden. Knoblauch schälen und andrücken. Kirschtomaten halbieren. Minzeblätter grob hacken.

3 EL Öl in einer Pfanne erhitzen. Zucchini- und Auberginenscheiben darin 2 Minuten unter Rühren anbraten. Zwiebel und Knoblauch dazugeben und kurz mitbraten. Kokosmilch, Kirschtomaten und Fond dazugeben. Alles salzen, pfeffern und zugedeckt 10 Minuten garen.

Inzwischen Hähnchenbrust schräg in 1 cm dicke Streifen schneiden. Streifen zwischen zwei Lagen Klarsichtfolie platt klopfen. Wer keinen Fleischklopfer hat, nimmt eine Pfanne.

Eier mit dem Currypulver verquirlen. Mehl und Semmelbrösel jeweils auf einen flachen Teller geben. Die Schnitzel salzen, pfeffern, im Mehl wenden, abklopfen und durch die Eimasse ziehen. In den Semmelbröseln panieren.

Restliches Öl (3 EL) in einer beschichteten Pfanne erhitzen und die Schnitzel darin 2–3 Minuten auf beiden Seiten goldbraun braten. Auf Küchenpapier abtropfen lassen.

Gemüse mit Salz, Pfeffer, Zucker und Limettensaft abschmecken. Minzeblätter untermischen. Die Schnitzel auf Teller legen und mit dem Gemüse servieren.

Kartoffelpizza mit Tiroler Speck

25 Minuten

Blätterteig rechtzeitig aus dem Tiefkühler nehmen und auftauen lassen.

Backofen auf 225 °C Ober-/Unterhitze (200 °C Umluft) vorheizen. Backblech mit Backpapier auslegen. Blätterteigplatten überlappend nebeneinanderlegen und zum Rechteck ausrollen. Teig auf das Backpapier legen und mehrmals mit einer Gabel einstechen.

Kartoffeln schälen und in hauchdünne Scheiben hobeln. Knoblauch schälen und in dünne Scheiben schneiden. Zwiebeln schälen und in dünne Streifen schneiden. Rosmarinnadeln abzupfen und grob hacken.

Kartoffeln, Knoblauch, Zwiebeln und Rosmarin in einer Schüssel mit dem Olivenöl vermischen, mit Salz und Pfeffer würzen. Kartoffelmischung auf dem Blätterteig verteilen, dabei einen 1 cm breiten Rand frei lassen.

Pizza auf der zweiten Schiene von unten 12–15 Minuten backen. Inzwischen den Speck in Streifen schneiden. Pizza aus dem Ofen nehmen, mit Crème fraîche beträufeln und mit den Speckstreifen belegen. Sofort servieren.

<u>2–4 Personen</u>
- ½ Paket TK-Blätterteig (3 Platten à 75 g, 10 × 20 cm)
- 350 g festkochende Kartoffeln
- 2 Knoblauchzehen
- 2 Zwiebeln
- 2 Rosmarinzweige
- 5 EL Olivenöl
- Salz, Pfeffer
- 6 dünne Scheiben Tiroler Speck
- 3 EL Crème fraîche

Lachspizza

Blätterteig rechtzeitig aus dem Tiefkühler nehmen und auftauen lassen.

Backofen auf 225 °C Ober-/Unterhitze (200 °C Umluft) vorheizen. Backblech mit Backpapier auslegen. Blätterteigplatten überlappend nebeneinanderlegen und zum Rechteck ausrollen. Teig auf das Backpapier legen und mehrmals mit einer Gabel einstechen.

Tomaten halbieren und auf dem Teig verteilen. Dabei einen 2 cm breiten Rand frei lassen. Mit Salz, Pfeffer und 1 Prise Zucker würzen. Parmesan auf die Pizza streuen. Pizza auf der zweiten Schiene von unten 12–15 Minuten backen.

Inzwischen den Lachs in dünne Scheiben schneiden, salzen und pfeffern. Rucola klein schneiden. Pizza aus dem Ofen nehmen. Mit Rucola und Lachs belegen und mit Olivenöl und Zitronensaft beträufeln. Sofort servieren.

25 Minuten

2–4 Personen
- ½ Paket TK-Blätterteig (3 Platten à 75 g, 10×20 cm)
- 200 g Kirschtomaten
- Salz, Pfeffer, Zucker
- 50 g Parmesan, fein gerieben
- 250 g Lachsfilet, ohne Haut und Gräten
- 80 g Rucola
- 5 EL Olivenöl
- 1–2 EL Zitronensaft

Tarte tatin mit Blaubeeren

Blätterteig rechtzeitig aus dem Tiefkühler nehmen und auftauen lassen.

Backofen auf 225 °C Ober-/Unterhitze (200 °C Umluft) vorheizen. Die aufgetauten Teigplatten überlappend übereinanderlegen und 2–3 mm dick ausrollen. Einen Kreis vom 25 cm Ø ausstechen (z.B. mithilfe eines Tortenrings oder Springformrands) oder ausschneiden.

Butter und Öl in einer ofenfesten Pfanne (24 cm Ø) erhitzen. Zucker in der Pfanne verteilen und erhitzen. Blaubeeren dazugeben und mit dem Zucker verrühren.

Pfanne vom Herd nehmen und die Blaubeeren mit dem Blätterteig bedecken. Den Teig mehrmals mit einer Gabel einstechen. Die Pfanne auf der untersten Schiene in den Backofen stellen und den Teig in 15 Minuten goldbraun backen.

Tarte aus dem Ofen nehmen, 1 Minute ruhen lassen, dann auf eine Kuchenplatte oder einen großen Teller stürzen. Mit Mandelblättchen und Puderzucker bestreuen und sofort servieren.

25 Minuten

<u>4 Personen</u>
- 2 Platten TK-Blätterteig (à 20×10 cm)
- 1 EL Butter
- 1 EL Sonnenblumenöl
- 2 EL Zucker
- 250 g Blaubeeren
- 1 EL geröstete Mandelblättchen
- 1 EL Puderzucker

Das ist mein absolutes Desserthighlight: einfach und unfassbar lecker. Damit euch die Tarte beim Stürzen nicht zerbricht, müsst ihr allerdings sehr schnell sein.

Apfel-Rhabarber-Crumble

Backofen auf 220 °C Ober-/Unterhitze (200 °C Umluft) vorheizen. 2 Auflaufförmchen (12 cm Ø) ausbuttern. Äpfel schälen, grob klein schneiden, dabei das Kerngehäuse entfernen. Rhabarber in 2 cm lange Stücke schneiden.

10 g Butter (1 TL) in einer Pfanne erhitzen. Äpfel und Rhabarber darin andünsten. 10 g Zucker (1 TL) unterrühren und die Pfanne vom Herd ziehen. Apfel-Rhabarber-Mischung in den Auflaufformen verteilen.

Zitronenschale, Haferflocken, Mehl, den restlichen Rohrzucker (40 g), die restliche Butter (40 g) und den Zimt in einer Schüssel zu einem Teig verkneten. Mit den Fingern Streusel formen und auf die Apfel-Rhabarber-Mischung geben. Auf mittlerer Schiene 15–18 Minuten backen.

25 Minuten

<u>2–4 Portionen</u>
- 2 Äpfel
- 4 Stangen Rhabarber
- 50 g kalte Butter, in Würfeln + mehr für die Formen
- 50 g brauner Zucker
- 1 TL abgeriebene Zitronenschale
- 100 g Haferflocken
- 2 EL Mehl
- 1 Prise gemahlener Zimt

Banane oder Weintrauben passen auch super zum Rezept. Wenn es Richtung Weihnachten geht, 1 Sternanis fein mörsern und unter die Streusel geben, die ihr auch mit gemahlenen Nusskernen nach Geschmack aufpeppen könnt.

Pflaumen-Clafoutis

Backofen auf 200 °C Ober-/Unterhitze vorheizen. 4 Dessertförmchen (12 cm Ø) ausbuttern. Pflaumen vierteln und entsteinen. Rosmarinnadeln abzupfen. Mehl, Zucker und Vanillezucker in einer Schüssel mischen.

Eier nacheinander mit den Rührstäben des Handrührgeräts unterrühren. Milch mit der Sahne mischen. In einem dünnen Strahl unter Rühren zum Eiergemisch geben. Alles zu einem glatten Teig verrühren.

Teig auf die Dessertformen verteilen. Rosmarin und Pflaumen auf den Teig geben. Auf der zweiten Schiene von unten 15–20 Minuten backen. Aus dem Ofen nehmen, mit Puderzucker bestreuen und servieren.

25 Minuten

<u>4 Personen</u>
- Butter für die Formen
- 8 Pflaumen
- 1 Zweig Rosmarin
- 60 g Mehl
- 50 g Zucker
- 1 Päckchen Vanillezucker
- 3 Eier
- 125 ml Milch
- 100 g Sahne
- 2 EL Puderzucker

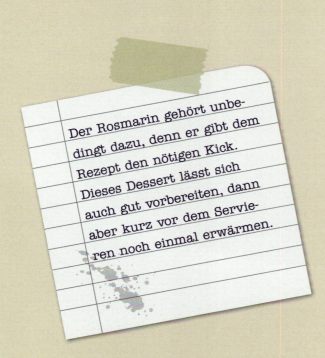

Der Rosmarin gehört unbedingt dazu, denn er gibt dem Rezept den nötigen Kick. Dieses Dessert lässt sich auch gut vorbereiten, dann aber kurz vor dem Servieren noch einmal erwärmen.

Gefüllter Schokoladenpfannkuchen

25 Minuten

Backofen auf 220 °C Ober-/Unterhitze vorheizen. Schokolade hacken, in eine Metallschüssel geben und auf einen Topf mit heißem Wasser setzen (Wasserbad). Rühren, bis die Schokolade geschmolzen ist, dann das Öl unterrühren.

Eier trennen. Eigelbe mit Zucker, Mehl, Kakao, Sahne und geschmolzener Schokolade verrühren. Eiweiße mit 1 Prise Salz steif schlagen und unter den Teig heben.

Butter in einer ofenfesten Pfanne (24 cm Ø) schmelzen lassen. Pfannkuchenmasse einfüllen und bei mittlerer Hitze 4–5 Minuten anbraten. Dabei die Pfanne leicht rütteln. Im heißen Ofen auf der zweiten Schiene von unten 5–6 Minuten stocken lassen.

Fertigen Pfannkuchen auf einen vorgewärmten Teller gleiten lassen. Mit Brombeeren belegen und zusammenklappen. Mit Puderzucker bestreuen und sofort servieren.

2 Personen
50 g Zartbitterschokolade
3 EL Olivenöl
4 Eier
50 g Zucker
1 EL Mehl
1 EL Kakao
3 EL Sahne
Salz
20 g Butter
150 g Brombeeren
2 EL Puderzucker

Ihr könnt den Pfannkuchen natürlich auch in der Pfanne lassen und diese in die Mitte des Tisches stellen. Wer seine Gäste richtig verwöhnen will oder einfach Lust darauf hat, kann noch eine Vanillesauce (siehe Seite 185) dazu machen.

Für Schoko-
holics

Anhang

Grundrezepte und Produktinfos

Selbst gemachte Saucen

Klar kann man Fonds und Saucen fertig kaufen. Aber selbst gemacht schmeckt besser – und man weiß, was drin ist.

Gemüsefond: 2 Zwiebeln mit Schale quer halbieren und in einer mit Alufolie ausgelegten Pfanne auf den Schnittflächen ohne Fett dunkelbraun rösten. 1 Knoblauchzehe andrücken. ½ Sellerieknolle, 4 Möhren und 2 Petersilienwurzeln schälen und grob würfeln. 1 Stange Lauch in grobe Stücke schneiden. 3 EL Olivenöl in einem großen Topf erhitzen. Sellerie, Möhren und Petersilienwurzeln 4 Minuten darin andünsten. 2½ l kaltes Wasser aufgießen. Zwiebeln, Knoblauch, 2 Lorbeerblätter, 2 Gewürznelken, 1 TL Pfefferkörner und 3 Thymianzweige dazugeben. Aufkochen, den Deckel auf den Topf legen und alles bei mittlerer Hitze etwa 1 Stunde köcheln lassen. Den fertigen Fond durch ein Mulltuch oder ein sehr feines Sieb abgießen, mit Salz und etwas Pfeffer würzen. Ergibt etwa 2 l Fond. Hält im Kühlschrank etwa 1 Woche und kann portionsweise eingefroren werden.

Teriyaki-Sauce: 125 ml Mirin in einen Topf füllen, auf dem Herd erhitzen und ganz kurz aufkochen lassen. 250 ml Geflügelfond, 125 ml Sojasauce und 125 ml Wasser dazugeben. Die Flüssigkeit noch einmal aufkochen, 125 g Zucker hinzufügen und rühren, bis er sich völlig aufgelöst hat. Alles etwa 2 Minuten kochen lassen. Inzwischen 1 gehäuften EL Speisestärke mit wenig Wasser anrühren, zur Sauce geben, ein letztes Mal aufkochen lassen und vom Herd nehmen. In ein Glas oder eine Flasche füllen und fest verschließen. Ergibt etwa 700 ml. Hält sich im Kühlschrank etwa drei Monate.

Vanillesauce: 1 Vanilleschote mit dem Messer längs aufschneiden und das Mark herauskratzen. Schote und Mark mit 200 g Sahne und 300 ml Milch in einen Topf geben und aufkochen. Vom Herd ziehen und 5 Minuten ziehen lassen. 6 Eigelbe, 60 g Zucker und 1 Prise Salz in eine Schüssel geben und mit den Rührstäben des Handrührgeräts 5 Minuten lang aufschlagen, bis eine helle Creme entstanden ist. Vanilleschote aus der Milchmischung entfernen. Milch noch einmal aufkochen, vom Herd nehmen und in dünnem Strahl unter ständigem Rühren unter die Eigelb-Zucker-Mischung schlagen. Die Vanillesauce zurück in den Topf geben und bei mittlerer Hitze unter Rühren erhitzen bis sie andickt.
Vorsicht: Die Sauce darf nicht kochen, da sonst das Eiweiß gerinnt.

Produktkunde

Ein paar Informationen zu Lebensmitteln, die beim Kochen häufig verwendet werden.

Balsamico-Essig: Wurde durch seinen süßlichen Geschmack beliebt. Bei *Aceto balsamico di Modena* handelt es sich in der Regel um Weinessig, der mit eingedicktem Traubensaft und Zuckercouleur versetzt wurde. Dickflüssiger und aromatischer ist alter *Aceto balsamio tradizionale*, der entweder aus Modena oder aus Reggio Emilia kommt. Er wurde mindestens zwölf Jahre im Holzfass gelagert und unterliegt strengen Qualitätskontrollen.

Fisch und Meeresfrüchte: Bei frischem Fisch sind wichtig: klare Augen und festes Fleisch. Außerdem darf er leicht nach Meer riechen, aber auf keinen Fall fischig. Den Einkauf zu Hause sofort aus dem Papier wickeln und in Klarsichtfolie verpacken. Beim Fischhändler gibt das MSC-Siegel zumindest einen Anhaltspunkt für nachhaltigen Fischfang: Der *Marine Stewardship Council* (MSC; Rat zur Bewahrung der Meere) ist eine weltweit tätige Einrichtung. Erfüllen Fischer bestimmte Kriterien, erhalten sie ein Zertifikat und dürfen ihre Ware mit dem MSC-Siegel kennzeichnen. Allerdings ist das Verfahren zur Vergabe des Siegels nicht unumstritten. Man erkennt Produkte aus MSC-zertifizierten Fischereien an einem blauen Siegel auf den Fischverpackungen oder auf Schildern in den Fischtheken. Zuchtfisch ist Wildfang in vielen Fällen aus Gründen des Artenschutzes vorzuziehen. Allerdings sollte auf Bio-Aufzucht geachtet werden, da konventionelle Fischzucht die Umwelt belastet, z.B. durch Antibiotika.

Fleisch und Geflügel: Erste Anlaufstelle für einen guten Einkauf ist der Metzger, der Fleisch von Tieren aus der Region anbietet, die artgerecht aufgezogen wurden. Man kann die Verkäuferin an der Fleischtheke fragen, woher das Fleisch im Laden kommt. Ein einheitliches Zertifikat wie beim Fischfang gibt es jedoch nicht. Allerdings steht Biofleisch für artgerechte Haltung. Der Metzger berät auf Wunsch auch zum Thema Fleischschnitte und richtige Zubereitung. Außerdem gibt es in fast jeder Region mittlerweile Bauernhöfe, die Fleisch und Geflügel direkt verkaufen. Noch ein Tipp: Fleisch generell etwa 30 Minuten vor dem Anbraten aus dem Kühlschrank nehmen, dann gart es gleichmäßiger.

Kartoffeln: Kartoffeln sind der Deutschen liebstes Gemüse, 60 kg pro Jahr verzehrt jeder von uns davon im Durchschnitt. Gleichzeitig gehört Deutschland weltweit zu den größten Kartoffelproduzenten. Die Sortenvielfalt ist fast unendlich: Auf den Märkten finden sich auch alte Sorten in allen möglichen Formen und Farben und Bio-Kartoffeln, bei denen auf Pestizide und Dünger verzichtet wurde. Es gibt festkochende, vorwiegend festkochende und mehligkochende Sorten. Erstere sind ideal für Kartoffelsalate und Bratkartoffeln, letztere für Pürees und Suppen. Vorwiegend festkochende Sorten liegen bezüglich ihrer Kocheigenschaften irgendwo in der Mitte und können für (fast) alle Kartoffelgerichte verwendet werden. Kartoffeln müssen dunkel und kühl (aber nicht im Kühlschrank!) gelagert werden, da sie sonst schnell keimen und sich giftiges Solanin in der Schale bildet (Grünfärbung).

Käse: Gerade vegetarischen Gerichten, vielen Gemüsen und Salaten gibt Käse den richtigen Kick. Beim Einkauf auf Qualität achten: Bio muss nicht immer sein, ist aber ein Hinweis auf eine traditionelle Produktionsweise. Käse am besten am Stück kaufen. *Parmesan* (Parmigiano reggiano) ist ein mindestens 12 Monate gereifter italienischer Hartkäse aus Kuhmilch. Er wird in der Emilia Romagna oder der Lombardei produziert.
Feta ist ein griechischer Weißkäse aus Schafs- oder Ziegenmilch, der in Salzlake aufbewahrt wird.

Achtung: Im Supermarkt gibt es Produkte mit Fantasiebezeichnungen aus Kuhmilch, die geschmacklich mit richtigem *Feta* wenig zu tun haben.
Mozzarella kennt jedes Kind von der Pizza. Die weißen runden Kugeln, die in Plastiktütchen mit Lake im Supermarktregal liegen, sind in der Regel aus Kuhkäse und werden in Deutschland hergestellt. Besser schmeckt original *Büffelmilchmozzarella* aus Italien (Mozzarella di buffala campana).

Nudeln: Ein Leben ohne Nudeln können sich viele Deutsche heute gar nicht mehr vorstellen – Spaghetti Bolognese ist das beliebteste Gericht im Lande, dicht gefolgt von Nudeln mit Tomatensauce, wie das Forsa-Institut in einer Umfrage herausfand. Wir verzehren pro Kopf und Jahr im Durchschnitt 7,7 kg der leckeren Teigwaren. In der Hitliste ganz oben stehen Produkte aus Hartweizengrieß (ohne Ei), wie beispielsweise Spaghetti oder Penne. Dazu kommen Bandnudeln sowie gefüllte Spezialitäten aus Eiernudelteig, wie Tortellini, Ravioli und Maultaschen. Aus Ei und Weizenmehl gemacht werden auch Spätzle und Fingernudeln. Mittlerweile gibt es in Bioläden und Supermärkten auch Nudeln aus anderen Getreidearten, wie z.B. Dinkel, und natürlich Nudeln aus Vollkorngrieß. Wie bei vielen Lebensmitteln macht sich auch bei Nudeln gute Qualität beim Preis bemerkbar. Am allerbesten schmecken natürlich selbst gemachte Teigwaren.

Öl: Wer gern kocht, braucht in seiner Küche mindestens zwei verschiedene Pflanzenöle – Sonnenblumen- oder Rapsöl und Olivenöl. *Rapsöl* ist sehr gut zum Frittieren geeignet und hat, wie *Sonnenblumenöl*, keinen starken Eigengeschmack. Ganz im Gegensatz zu *Olivenöl*, das fast wie beim Wein je nach Anbauregion, Olivensorte, Boden und Hersteller ganz unterschiedlich schmeckt. Spezialöle aus Sesamsamen, Erdnusskernen, Walnusskernen, Traubenkernen, Kürbiskernen oder Leinöl haben einen sehr typischen Geschmack. Für die Mittelmeerküche prägend ist der Geschmack von Olivenöl. In Asien wird gern Sesam- und Erdnussöl verwendet. Gutes Speiseöl wird kalt gepresst. Am besten ist die erste Pressung. Sie wird im Handel auf dem Etikett als »nativ« bezeichnet. Alle nativen Pflanzenöle haben einen hohen Gehalt an ungesättigten Fettsäuren. Deshalb sollten sie nicht hoch erhitzt werden.

Tomaten: Die Tomatenpflanze kam – wie die Kartoffel – mit den spanischen Eroberern im späten Mittelalter nach Europa. Inzwischen hat die rote Geschmacksbombe den Siegeszug durch die Küchen der Welt angetreten. 24 kg pro Kopf kommen davon pro Jahr auf unsere Teller – und werden jeweils zur Hälfte roh und gekocht verzehrt. Vor allem die Salate, Suppen und Saucen aus der italienischen Küche haben sie bei uns populär gemacht.
Am besten schmecken reif geerntete Früchte aus biologischem Anbau. Konventionelle Tomaten werden mit Kunstdünger behandelt, wodurch sie schneller wachsen. Deshalb schmecken sie oft wässrig und fade. Generell aromatischer sind die kleinen Sorten wie Kirsch- oder Datteltomaten. Für Saucen und Suppen gut sind Dosentomaten, da die Früchte dafür reif geerntet und sofort verarbeitet werden.

Glossar

Die Zutaten gibt es im Asia-Fachhandel oder im gut sortierten Lebensmittelhandel.

Austernsauce: kommt ursprünglich aus der chinesischen Küche, Mischung aus Austernextrakt und einer aus Salz, Knoblauch und Zwiebeln gekochten Sojasauce.

Brunnenkresse: auch Wasserkresse, wächst fast rund ums Jahr im und am Wasser. Damit ist sie im Frühjahr und Spätherbst ein wichtiger Vitaminspender. Ist mit ihren saftigen Stängeln und Blättern und ihrem leicht pfeffrigen Geschmack gut geeignet für Salate und Kräutersaucen.

Bulgur: vorgekochte und getrocknete Hartweizengrütze, sehr verbreitet in der Türkei und im gesamten Vorderen Orient. In Bioläden auch als Buchweizen-Bulgur erhältlich.

Chili: Bei Chilischoten unterscheidet man zehn unterschiedliche Schärfegrade, von 1 = mild bis 10 = scharf. Die meisten bei uns im Supermarkt erhältlichen Schoten befinden sich im Schärfe-Mittelfeld. Neben frischen roten und grünen Chilischoten gibt es getrocknete Chilischoten, Chiliflocken (getrocknete, zerbröselte Schoten) und Chilipulver (getrocknete und gemahlene Schoten).

Chorizo: ist eine spanische Rohwurst aus Schweinefleisch, die mit Knoblauch und viel Paprikapulver gewürzt ist. Der Paprika ist sowohl für die Farbe als auch für den typischen Geschmack verantwortlich.

Couscous: nordafrikanische Spezialität, kleine Kügelchen aus Hartweizen-, Gersten- oder Hirsegrieß.

Currypaste: Die roten, grünen und gelben Pasten aus Gewürzen und Kräutern sind Grundbestandteil der thailändischen Küche. Allen Pasten gemeinsam ist die deutliche Chilischärfe, wobei die grünen Pasten in der Regel die schärfsten sind. Die Produkte im Handel können diesbezüglich sehr unterschiedlich ausfallen, deswegen am Anfang immer vorsichtig einsetzen. Die gelbe Currypaste kommt aus der südthailändischen oder der malaiischen Küche und enthält indische Gewürze wie Kreuzkümmel und vor allem Kurkuma.

Enoki: oder Enokitake, wird in Japan wie Shiitake in Pilzkulturen angebaut, in unseren Wäldern wild an Bäumen und Totholz wachsend und besser bekannt als Gemeiner Samtfußrübling.

Fenchel: Gemüse-, Gewürz- und Heilpflanze aus der Familie der Doldenblütler. In der Küche spielen Fenchelsamen und Fenchelknolle eine Rolle. Die Verwendung der Fenchelknolle als gebratenes Gemüse oder für Salate ist im Mittelmeerraum seit Jahrhunderten üblich.

Ingwerwurzel: Die Ingwerpflanze gedeiht in den Tropen und Subtropen. Die leicht scharf schmeckende Wurzel ist ein unverzichtbarer Bestandteil der asiatischen Küchen. Frische Ingwerwurzeln sind prall und glatt und fasern beim Schneiden nicht.

Kapernäpfel: etwa 2 cm lange Kapernfrüchte. Sie werden wie die kleinen Kapernknospen meist in Essig oder Öl eingelegt und schmecken ähnlich, nur kräftiger.

Kurkuma: ist ein gelbes Gewürzpulver, das aus den Wurzeln der Gelbwurz (Kurkumawurzel) gewonnen wird. Es sorgt u.a. für die Gelbfärbung von Currypulver. Gemahlene Kurkuma wird vor allem in der indischen Küche verwendet.

Marsala: ist ein meist weißer Süßwein mit bis zu 20 Prozent Alkohol, der seinen Ursprung in der sizilianischen Hafenstadt Marsala hat.

Masago: ist der Rogen des fliegenden Masago-Fisches, der vor der isländischen Küste vorkommt. Er wird überwiegend nach Japan exportiert.

Mirin: Süßer, nur teilweise vergorener japanischer Reiswein mit etwa 14 Prozent Alkohol, der ausschließlich zum Kochen verwendet wird.

Naan: indisches Fladenbrot aus Hefeteig.

Nashi-Birne: wird nach ihrem Ursprungsgebiet auch Japanische, Chinesische oder Asiatische Birne genannt. Sie ist runder als die europäischen Birnen, im Geschmack aber ähnlich.

Panko-Brösel: auch einfach Panko oder Panko-Mehl genannt. Panko sind die Semmelbrösel der japanischen Küche. Aus Weißbrot ohne Rinde hergestellt, sind die Brösel sehr hell, fein und luftig. Grob zermahlene, altbackene Brötchen sind eine Alternative dazu.

Pecorino: ein mittel- und süditalienischer Hartkäse aus Schafsmilch. Aussehen und Geschmack ähneln dem Parmesan, durch den er beim Kochen auch ersetzt werden kann.

Petersilienwurzel: Das Gemüse stammt von der Wurzelpetersilie und war früher in Mitteleuropa weit verbreitet. Die Rüben sind länglich, hell und laufen spitz zu.

Physalis: auch Kapstachelbeere oder Andenbeere. Sie wächst an einem Nachtschattenstrauch aus der Gattung der Blasenkirschen und wird hauptsächlich in Afrika, Südamerika, Indien und Indonesien angebaut. Die feinfleischige orange Frucht wird von einem papierdünnen, erst grünen und dann gelben Hüllblatt umschlossen.

Polenta: Gericht aus Norditalien, das aus Maisgrieß hergestellt wird. Der Maisgrieß wird mit Salzwasser zu einem zähen gelben Brei gekocht, den man traditionell mit zerlassener Butter und Parmesan oder, wie Nudeln, mit einer Sauce isst. Als Beilage passt Polenta zu Ragouts und Pilzgerichten. Reste werden kalt in Scheiben geschnitten und in Butter angebraten.

Reisessig: wird in ganz Ostasien aus Reiswein hergestellt und ist milder als heimischer Essig, da er nur 3–4 Prozent Säure enthält.

Rohrzucker: wird im Gegensatz zu unserem Haushaltszucker nicht aus der Zuckerrübe, sondern aus Zuckerrohr gewonnen. Da man ihn meist nicht bleicht, hat er eine hell- bis dunkelbraune Färbung.

Sesampaste: auch Tahin, Tahini oder Tahina genannt. Eine feine Paste aus geschälten und ungeschälten Sesamsamen. Sie ist eine Grundzutat der nordafrikanischen und arabischen Küche.

Sichuanpfeffer oder Chinesischer Pfeffer: nicht mit dem schwarzen Pfeffer verwandt, sondern mit Zitrusfrüchten. Verwendet werden die getrockneten Samenkapseln.

Sriracha: scharfe thailändische Chilisauce aus Chilischoten, Essig, Knoblauch, Zucker und Salz.

Steckrübe: auch Wruke, Kohlrübe oder Butterrübe. Sie schmeckt süßlich-herb, ein wenig wie Weißkohl, und ist mit Raps verwandt.

Süßkartoffel: Wurzel einer mehrjährigen Kletterpflanze mit Hauptanbaugebiet China und Afrika, stammt aber ursprünglich aus Mittelamerika. Die gelblich-orangen stärkereichen Knollen schmecken leicht süßlich und können ähnlich wie normale Kartoffeln verarbeitet werden.

Tagliolini: dünne Eierbandnudeln aus der Emilia-Romagna (Italien). Die Nudeln werden vor dem Trocknen zu Nestern geschlungen.

Tandoori-Gewürz: indische Würzpaste oder Pulver, die häufig für Hähnchenfleisch verwendet wird und diesem die typisch rote Färbung verleiht. Sie besteht aus getrocknetem Chili, Kurkuma, Koriandersamen, Kreuzkümmelsamen, gemahlenen roten Linsen, Anissamen, Bockshornkleesamen, Gewürznelken, Zimt, Lorbeerblatt, Ingwer, Knoblauch, Essig, Öl und Salz.

Tempura-Mehl: besteht in der Regel aus Weizen-, Reis- und Maismehl mit Backpulver.

Teriyaki-Sauce: japanische Würzsauce für Kurzgebratenes aus Sojasauce, Mirin, Sake und Honig oder Zucker.

Tobiko: Rogen eines fliegenden Fisches.

Vanilleschote: fermentierte längliche Frucht des Vanillestrauchs, die hauptsächlich auf Inseln im Indischen Ozean angebaut wird. Besonders intensiv schmeckt das Vanillemark, dass man aus der aufgeschlitzten Schote herauskratzt. Zum Kochen und Backen kann stattdessen gemahlene Vanille verwendet werden.

Wasabi: japanischer Wassermeerrettich. Seine scharfen Wurzeln werden zu einer hellgrünen Paste oder einem trockenen Pulver verarbeitet.

Wermut: mit Wermutkraut aromatisierter Likör mit etwa 18 Prozent Alkoholgehalt und einer ausgeprägten Bitternote, wobei der französische Wermut als trockener gilt als der italienische (z.B. Noilly Prat, Cinzano, Martini).

Zitronengras: asiatische Süßgrasart mit Zitronenaroma.

Menüvorschläge

Dinner for two
vegetarisch
Zucchinisuppe 156
Kürbiscurry 98
Rhabarbergratin mit Marshmallows 111

❁

Kalbs-Carpaccio 29
Seeteufel auf Knoblauchspinat 25
Schaumpfannkuchen mit Mango 148

❁

Fenchel-Birnen-Salat 12
Kaninchenfilet mit Bohnen und Spinat 128
French Toast mit Schokolade 153

❁

Süßkartoffel-Orangen-Suppe 170
Rumpsteak mit Bohnenpüree 74
Zabaione mit gemischten Beeren 50

Freunde einladen
vegetarisch
Gegrillte Avocado 65
Brunnenkresse-Schmarrn mit Oliven-
vinaigrette 132
Baiser mit Nusskaramell 55

❁

Gebratener Endiviensalat 37
Überbackenes Schweinefilet »Caprese« 70
Apfel-Rhabarber-Crumble 178

❁

Scharfe Maissuppe 60
Lammkoteletts mit Chinakohl-Gurken-Salat 42
Frühlingsrolle mit Bananen 112

❁

Kartoffel-Möhren-Eintopf 167
Paniertes Hähnchenschnitzel
mit Zucchini-Auberginen-Gemüse 172
Gefrorene Beeren mit weißer Schokoladensauce 109

Familie / Kollegen beeindrucken
vegetarisch
Gemüsetempura mit Himbeerketchup 125
Avocado-Grapefruit-Gratin mit Chilimayonnaise 65
Tofu-Tataki mit Paprika-Erdnuss-Tapenade 82
Pflaumen-Clafoutis 180

❁

Weißer Spargel auf mediterrane Art 34
Gegrilltes Kalbsrückensteak mit Kräuterbutter 102
und gebratener Brokkoli 46
Himbeerquarktorte 107

❁

Thunfisch-Sashimi mit
Rucola-Petersilien-Pesto 41
Hähnchenbrust mit grünem Spargel 68
Pochierte Nashi-Birnen 151

❁

Wolfsbarsch-Ceviche mit Tomaten und Koriander 137
Rinderfilet mit Spargel und Kartoffeln 76
Tarte tatin mit Blaubeeren 177

Register

Ananas 56
Apfel 101
Apfel-Rhabarber-Crumble 178
Asiadressing 19
Auberginengratin mit Austernpilzen 89
Austernpilze 44, 89
Avocado-Grapefruit-Gratin 65
Avocadosalat 65

Baiser mit Nuss-karamell 55
Balsamico-Essig 185
Banane 112
Bauernfrühstück 62
Birne 12, 151
Blumenkohl 22
Bohnen, grüne 23
Bohnen, weiße 74, 128
Bohnenpüree 74
Brokkoli 46
Brunnenkresse-Schmarrn mit Olivenvinaigrette 132
Bulgur 142
Bunter Nudelsalat 120
Burger 73

Carpaccio 29
Ceviche 136 f.
Chilimayonnaise 73
Chinakohl 42
Chinesische Nudelsuppe 118
Clafoutis 180
Couscous 158
Crumble 178
Currygarnelen mit Feldsalat 85

Doraden-Ceviche 137

Eiersalat-Sandwich 141
Endiviensalat 37
Erdnusssauce 123

Feldsalat 85
Fenchel-Birnen-Salat 12
Fenchel-Garnelen mit Kartoffelschaum 162

Fisch 40, 137, 185
Fleisch 185
Forelle 92
French Toast mit Schokolade 153
Frühlingsrollen mit Banane 112

Garnelen 31, 66, 85, 162
Garnelenpfanne »Caipirinha« 32
Gebackener Mozzarella mit Melonensalsa 95
Gebratener Blumenkohl mit Cashewkernen und Feta 22
Gebratener Brokkoli 46
Gebratener Endiviensalat 37
Geflügel 185
Gefrorene Beeren mit weißer Schokoladensauce 109
Gefüllte Salatblätter 117
Gefüllter Schokoladenpfannkuchen 182
Gegrillte Avocado 65
Gegrilltes Kalbsrückensteak mit Kräuterbutter 102
Gemüsefond 185
Glasnudelsalat 121
Gratinierter Ziegenkäse mit Zucchinigemüse 38
Griechischer Nudelsalat 121
Guacamole mit Tortillachips 64
Gurke 12, 19, 42

Hackfleisch 117
Hähnchenbrust 68, 80, 96, 126 f., 158, 172
– mit grünem Spargel 68
Hähnchencurry mit Cashew-Couscous 158
Hähnchenpfanne mit Sherrysahne 80
Hähnchensalat mit Sellerie und Mango 126
Hähnchenschnitzel, paniert 172

Handwerkszeug 7
Himbeerketchup 125
Himbeerquarktorte 107
Hokkaido-Kürbis 98

Italienisches Tatar 48

Joghurt-Gurken-Suppe 15

Kabeljaufilet mit grünem Spargel 86
Kalbs-Carpaccio 29
Kalbsrückensteak 102
Kalbsschnitzel, paniert 168
Kalte Joghurt-Gurken-Suppe 15
Kaninchenfilet mit Bohnen und Spinat 128
Karamellisierte Vanillesuppe 104
Kartoffelchips 168
Kartoffel-Möhren-Eintopf 167
Kartoffeln, allgemein 185
Kartoffeln, neue 76
Kartoffelpizza mit Tiroler Speck 174
Kartoffelpuffer mit Pfeffermakrele und Schnittlauchschmand 131
Kartoffelstampf mit Parmaschinken 165
Käse 185
Kräuterbutter 102
Kürbiscurry 98
Kürbispüree 161

Lachs 82, 137, 144, 175
Lachs-Ceviche 137
Lachsforelle 92
Lachspizza 175
Lachs-Tataki 82
Lammkoteletts mit Chinakohl-Gurken-Salat 42
Lauwarmes Lachsforellentatar 92
Limetten-Pasta 26
Linguine mit Chili-Garnelen 66

Maisfritters 90
Maissuppe 60
Marshmallows 111
Mayonnaise 73
Mediterraner Nudelsalat 120
Meeresfrüchte 185
Melone 94 f.
Menüvorschläge 19
Minzesauce 56
Möhren 167
Mozzarella 70 f., 95
Muscheltopf mit Weißwein und Safran 139

Naan-Brot 144
Nudeln 21, 26, 66, 118, 120, 185
Nudelsalat 120 f.
Nudelsuppe 118
Nusskaramell 55

Öl, allgemein 185

Pan con tomate 96
Panierte Hähnchenschnitzel mit Zucchini-Auberginen-Gemüse 172
Paniertes Schweinefilet auf Schmorgurken 78
Paniertes Schweinekotelett mit Erbsen 134
Petersilienwurzelpüree 160
Pfannkuchen 182
Pflaumen-Clafoutis 180
Pizza 174 f.
Pochierte Nashi-Birnen 151
Produktkunde 185 ff.
Püree 160 f.

Rapsöl 112
Rhabarber 111, 178
Rhabarbergratin mit Marshmallows 111
Rinderfilet mit Spargel und Kartoffeln 76
Rinderfiletspieße mit Erdnusssauce 123

Rindfleischpfanne mit Chorizo, Rucola und Bohnen 23
Rindfleisch-Tataki 82
Rote Bete 101
Rucola-Petersilien-Pesto 41
Rumpsteak 97
Rumpsteak mit Bohnenpüree 74

Salat aus Roter Bete und Apfel 101
Salatblätter 117
Saucen, selbst gemacht 185
Scharfe Maissuppe 60
Scharfe Spaghetti carbonara 21
Schaumpfannkuchen mit Mango 148
Schmorgurken 78
Schokolade 182
Schokoladensauce, weiße 109
Schweinefilet 70, 78
Schweinekotelett 134
Seeteufel auf Knoblauchspinat 25
Selleriepüree 161
Sherrysahne 80
Spaghetti carbonara 21
Spaghetti mit frischer Tomatensauce 16
Spargel, grüner 32, 68, 76, 86
Spargel, weißer 34, 53, 76, 125
Spargel-Erdbeer-Salat 53
Spargel-Tempura mit Himbeerketchup 125
Speck-Gurken-Salat mit Asiadressing 19
Spinat 25, 128
Steckrübeneintopf 147
Süßkartoffel-Orangen-Suppe 170
Süßkartoffelpüree 160
Süß-scharfes Kalbsschnitzel mit Kartoffelchips 168

Tabouleh 142
Tagliolini 26
Tandoori-Ananas mit Minzesauce 56
Tandoori-Lachs mit Naan-Brot 144
Tarte tatin mit Blaubeeren 177
Tataki 82
Tatar 48
Tempura 125
Teriyaki-Burger mit Chilimayonnaise 73
Teriyaki-Sauce 185
Thunfisch-Sashimi mit Rucola-Petersilien-Pesto 41
Thunfisch-Tataki 82
Tofu-Tataki 82
Tomatenbrot 96 f.
Tomatenbrot mit Hähnchenbrust 96
Tomatenbrot mit Käse 97
Tomatenbrot mit Steak 97
Tomaten-Garnelen-Gratin 31
Tomatensauce 16
Tortillachips 64

Überbackenes Schweinefilet »Caprese« 70

Vanillesauce 185
Vanillesuppe 104

Weißer Spargel auf mediterrane Art 34
Wolfsbarsch-Ceviche 137

Zabaione mit gemischten Beeren 50
Zander-Ceviche 137
Ziegenkäse 38, 97
Zitronengras 117
Zucchini-Auberginen-Gemüse 172
Zucchinigemüse 38
Zucchinisuppe 156

Dieses Buch ist meinen Jungs im Henssler Henssler und Ono gewidmet.
Ohne euch wäre das alles nicht möglich!! DANKE!! Und jetzt weiterarbeiten ;-)

DORLING KINDERSLEY
London, New York, Melbourne, München und Delhi

Bibliografische Information Der Deutschen Bibliothek
Die Deutsche Bibliothek verzeichnet diese Publikation in der Deutschen Nationalbibliografie; detaillierte bibliografische Daten sind im Internet über http://dnb.ddb.de abrufbar.

© Dorling Kindersley Verlag GmbH, München, 2012

Alle Rechte vorbehalten. Jegliche – auch auszugsweise – Verwertung, Wiedergabe, Vervielfältigung oder Speicherung, ob elektronisch, mechanisch, durch Fotokopie oder Aufzeichnung bedarf der vorherigen schriftlichen Genehmigung durch den Verlag.

Rezepte und Rezeptentwicklung Steffen Henssler und Marcel Stut
Foodstyling Steffen Henssler und Marc Wieberneit
Foodfotografie und Coverfoto Marc Eckardt
Texte und Lektorat Claudia Krader
Innengestaltung, Typografie, Realisation Catherine Avak, München
Covergestaltung Catherine Avak / KOSCH Werbeagentur, München
Repro Repro Ludwig Prepress & Multimedia GmbH, Zell am See

Für den Dorling Kindersley Verlag
Programmleitung Monika Schlitzer
Herstellungsleitung Dorothee Whittaker

ISBN 978-3-8310-2110-9

Druck und Bindung Firmengruppe Appl, aprinta Druck, Wemding

Besuchen Sie uns im Internet
www.dorlingkindersley.de